FACULTÉ DE DROIT DE POITIERS.

DE L'ESCLAVE

EN DROIT ROMAIN

DE LA MITOYENNETÉ

EN DROIT FRANÇAIS

THÈSE

PRÉSENTÉE A LA FACULTÉ DE DROIT DE POITIERS

POUR OBTENIR LE GRADE DE DOCTEUR

ET

SOUTENUE LE SAMEDI 27 JUILLET 1872, A DEUX HEURES DU SOIR

DANS LA SALLE DES ACTES PUBLICS DE LA FACULTÉ

PAR

L.-Léon PETIT,

Avocat à la Cour d'appel de Poitiers

POITIERS

IMPRIMERIE DE A. DUPRÉ

RUE NATIONALE

1872

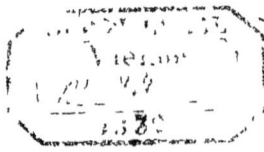

DE L'ESCLAVE

EN DROIT ROMAIN

DE LA MITOYENNETÉ

EN DROIT FRANÇAIS

THÈSE

PRÉSENTÉE A LA FACULTÉ DE DROIT DE POITIERS

POUR OBTENIR LE GRADE DE DOCTEUR

ET

SOUTENUE LE SAMEDI 27 JUILLET 1872, A DEUX HEURES DU SOIR

DANS LA SALLE DES ACTES PUBLICS DE LA FACULTÉ

PAR

L.-Léon PETIT,

Avocat à la Cour d'appel de Poitiers

POITIERS

IMPRIMERIE DE A. DUPRÉ

RUE NATIONALE

1872

FACULTÉ DE DROIT DE POITIERS.

MM. LEPETIT ✳, *doyen, professeur de droit commercial.*

BOURBEAU, C. ✳, *doyen honoraire, professeur de pro-*
cédure civile et de législation criminelle.

RAGON ✳, *professeur de droit romain.*

MARTIAL PERVINQUIÈRE, *professeur de droit romain.*

DUCROCQ, *professeur de droit administratif.*

ARNAULT DE LA MÉNARDIÈRE, *professeur de Code civil.*

LECOURTOIS, *professeur de Code civil.*

THÉZARD, *professeur de Code civil.*

LE COQ, *agrégé, chargé d'un cours de droit pénal.*

NORMAND, *agrégé.*

M. ARNALD, *secrétaire agent comptable.*

COMMISSION :

PRÉSIDENT, M. LEPETIT ✳, doyen.

SUFFRAGANTS :
{ M. MARTIAL PERVINQUIÈRE,
  M. ARNAULT DE LA MÉNARDIÈRE, } Professeurs.
  M. LECOURTOIS,
  M. NORMAND,   Agregé.

A MES PARENTS.

—

A MON PÈRE ET A MA MÈRE

RESPECT ET AMOUR

Hommage de piete filiale et de reconnaissante affection.

—

A TOUS CEUX QUE J'AIME

SOUVENIR.

DROIT ROMAIN.

DE L'ESCLAVE.

INTRODUCTION.

Libertas inæstimabilis res est.
(L. 106, ff. *de Régul. jur*.

L'homme a un droit si naturel à la liberté en général, un droit si imprescriptible à cette portion de sa liberté qu'il s'est réservée, c'est-à-dire qu'il n'a pas volontairement sacrifiée aux avantages de la société, que l'esclavage., en lui donnant même pour origine la guerre, la victoire ou la conservation généreuse ou intéressée de l'ennemi vaincu, est essentiellement illégitime, et que quiconque a combattu pour la liberté, soit qu'il ait réussi, soit qu'il ait succombé, a toujours un nom intéressant dans l'histoire.

Le nom de Spartacus, vil gladiateur tant qu'on voudra, est celui d'un héros ; s'il fut esclave, il eut une âme libre ; s'il fut vaincu, ce ne fut point sans avoir eu l'honneur de tenir en échec les armées de

1

la République romaine pendant plus de trois années,
et ce ne fut pas non plus sans avoir eu la gloire de
vaincre ses tyrans. Soixante-dix esclaves, soixante-
dix gladiateurs, ayant à leur tête Spartacus, s'échap-
pent de l'école d'escrime de Capoue, où on les exer-
çait pour les rendre dignes d'être produits sur
l'arène aux regards cruels des Romains, et de mourir
avec grâce pour le plaisir de leurs maîtres. Bientôt,
ce même Spartacus vit réunis à ses côtés soixante-
dix mille hommes dont la devise était *Liberté*, mot
respectable, quand ce ne sont point des rebelles
ou des brigands oppresseurs qui le prononcent. Le
gladiateur eut l'honneur de battre les consuls et de
faire trembler Rome : le droit allait vaincre la force,
et c'en était fait de cette puissance colossale qui im-
posait ses lois à l'univers entier, si son parti, qui
ne tenait qu'à lui, ne se fût dissipé dès qu'il apprit
la mort qui le frappa dans une rencontre entre ses
partisans et les troupes, supérieures en nombre, de
Crassus, qui les commandait en personne. Crassus,
rentré à Rome, ne se vit point décerner les hon-
neurs du triomphe, parce qu'il n'avait terrassé que
des esclaves ; on ne lui accorda que l'ovation, mais
on peut dire que ces esclaves avaient combattu en
hommes libres, et que la guerre de Spartacus fut, de
toutes les guerres, la plus juste et peut-être même
la seule juste.

CHAPITRE PREMIER.

Les jurisconsultes romains définissaient l'esclavage : une constitution du droit des gens qui soumettait un homme à l'empire d'un autre, contre la loi naturelle : *Servitus autem est constitutio juris gentium, qua quis dominio alieno contra naturam subjicitur.* En effet, par le droit naturel tous les hommes naissent libres ; mais la loi du plus fort, le droit de la guerre, l'ambition, l'amour de la domination ont introduit l'esclavage dans toutes les parties du monde et chez presque toutes les nations ; l'esclavage est aussi ancien que la guerre, et la guerre aussi ancienne que la nature humaine.

Tous les peuples de l'antiquité ont eu leurs esclaves : les Thessaliens avaient leurs Pénestes, les Crétois leurs Clarotes, les Argiens leurs Gymnètes, les Sicyoniens leurs Coryniphores, et chacune de ces races infortunées avait été, à l'origine, un peuple à part, que la défaite avait mis à la discrétion du vainqueur. Les Lacédémoniens avaient leurs Ilotes, et, non contents de les avoir privés de leur liberté, ils avaient eu la barbarie de les condamner à un esclavage perpétuel, en défendant aux maîtres de les affranchir ou de les vendre en dehors du pays.

Les Romains suivirent l'exemple des autres nations, et, comme elles, réduisirent en esclavage les peuples qu'ils avaient vaincus par la force des armes. Obligés d'être continuellement en lutte avec les peuplades voisines, la force primait le droit, et la qualification d'étranger entraînait nécessairement celle d'ennemi : *hostis*, c'est celui envers lequel il est permis d'user de toutes les rigueurs de la force : *adversus hostem*, *æterna auctoritas* (*Duodec. Tabul.*, *tert. tab.*).

Dans les premiers temps de la constitution de la société romaine, l'issue de la guerre avait-elle été heureuse pour Rome, la foule des prisonniers suivait le char du vainqueur jusqu'au Capitole, puis, quand arrivait la fin de la fête, dont leur présence avait relevé l'éclat, on les égorgeait sans pitié, ou on les précipitait du haut de la roche Tarpéienne, aux acclamations d'une populace avide de sang et exaltée à la vue de semblables spectacles.

Plus tard, poussé non point par un sentiment d'humanité, mais par un véritable intérêt, le vainqueur, qui avait le droit de tuer son prisonnier, préféra lui conserver la vie ; il faisait grâce de la vie au vaincu, mais le réduisait en servitude. Le vainqueur devenait son maître, et il l'employait aux travaux les plus pénibles. C'était là le droit de la guerre, le droit du plus fort. Mais le plus fort n'est jamais assez fort pour être toujours le maître, et qu'est-ce qu'un droit qui périt quand la force cesse ? La liberté ne peut point s'aliéner au prix de la conservation de la vie, et tout ce qui peut résulter de cette prétendue aliénation, c'est un état de guerre continuel entre le maître et l'esclave. C'est en vertu d'un droit, dites-vous, qu'a été créé l'esclavage ; mais les mots *droit* et *escla-*

vage sont contracdictoires ! Vous avez le droit de tuer votre ennemi tant qu'il conserve cette qualité, c'est-à-dire tant qu'il combat lés armes à la main ; mais dès qu'il les a déposées, redevenant homme, il cesse d'être votre ennemi, et votre droit disparaît : le tuer alors, c'est un crime ; le réduire en esclavage, une injustice. Dira-t-on encore que le vaincu fait le sacrifice de sa liberté, par suite d'une espèce de convention tacite à laquelle acquiesce le vainqueur ? Singulier et bizarre contrat que celui-ci : je fais avec toi une convention toute à ta charge et toute à mon profit ; je l'observerai tant qu'il me plaira, et tu l'observeras tant que je l'exigerai !

Quoi qu'il en puisse être, dans toute l'antiquité ce fut un principe du droit des gens de considérer comme esclaves ceux qui tombaient entre les mains du vainqueur. Aux yeux des Romains, comme à ceux de tous les autres peuples, la servitude passait pour le prix, parfaitement légitime, de la vie que le vainqueur accordait au vaincu. Le jurisconsulte Florentinus (L. 4, ff. *de stat. homin.*) nous apprend qu'au lieu de tuer les prisonniers, on les faisait esclaves, ce qui fit qu'on les appela *servi, quasi servati*, expression qui signifie conservés, du verbe *servare*. Est-ce bien la véritable étymologie de *servus ?* N'est-ce pas plutôt une simple ressemblance de mots, et *servus* ne dériverait-il pas mieux du verbe *servire*, qui signifie être réduit en servitude ?

Les prisonniers faits à la guerre s'appelaient aussi *mancipia, quasi manu capta*, expression énergique qui indique bien clairement une prise de possession à titre de propriétaire. On faisait cependant une différence entre ceux qui, après avoir mis bas les armes, se rendaient à la discrétion du peuple romain, et ceux qui étaient pris au milieu des combats, les armes à la main et en se défendant. Les premiers n'étaient point réduits en un véritable esclavage ; on les maintenait dans quelques-uns de leurs priviléges, et on les faisait seulement passer sous le joug pour marquer qu'ils étaient soumis à la puissance romaine. On les appelait *dedititii*, parce qu'ils s'étaient rendus, *quia se dederant*. Quant à ceux qui étaient pris les armes à la main ou dans quelque ville prise d'assaut, ils devenaient vraiment esclaves.

Certainement, il faut le reconnaître, la loi qui créa l'esclavage, pour sauver de la mort les prisonniers de guerre au lieu de permettre de les massacrer impitoyablement, réalisa un véritable progrès, et certaines dispositions législatives ont pu dire avec raison que la servitude avait été introduite pour le bien public ; mais, avouons-le aussi, le progrès accompli était tout en faveur du vainqueur, puisqu'il conservait le droit de pouvoir, dans la suite et sans aucun motif, tuer encore son esclave.

Ce droit de vie et de mort sur la personne de l'esclave n'a rien qui doive surprendre chez un peuple tel que les Romains. A Rome, plus qu'en tout autre lieu du monde, la vie de famille elle-même portait l'empreinte de la servitude, et le père seul constituait judiciairement une personne capable d'acquérir, de posséder ou de comparaître en justice ; il absorbait en lui la personnalité de toute sa famille lorsqu'il était *sui juris*. Cette situation de dépendance absolue de tous les membres de la même *domus* n'était que la conséquence fatale de la manière dont s'était formée la société romaine. Les premières femmes des Romains avaient été, on le sait, des Sabines, que ceux-ci avaient enlevées de force au milieu de l'une de leurs fêtes ; elles étaient donc devenues la propriété de leurs ravisseurs, et les enfants qui avaient pu naître de ces unions devaient partager la misérable condition de leurs mères. Aussi la puissance paternelle, à Rome, n'avait pas de limite ; elle continuait à résider en la personne du père jusqu'à son décès, sans que le mariage même de ses enfants pût briser ce droit si étendu sur la liberté ou la vie de ceux qui y étaient soumis. Le père, tant qu'il vivait, avait un droit de vie et de mort sur la personne de ses enfants, qui, par rapport à lui, étaient considérés comme des choses, puisqu'il pouvait, à leur sujet, exercer une action en revendication.

Veut-on un autre exemple, emprunté à la vie extérieure et publique, si je puis m'exprimer ainsi, et aux relations qui pouvaient exister entre les différents citoyens : aux termes de la plus ancienne législation, le débiteur devenu insolvable perdait sa liberté, et, s'il ne lui restait pas d'autres ressources pour satisfaire ses créanciers, sa personne devenait leur propriété. On vit des créanciers, usant d'un droit aussi barbare que cruel, et sans aucun profit pour eux-mêmes, couper par morceaux le corps de leur malheureux débiteur, pour se le partager ensuite proportionnellement au montant de leurs créances,

La première cause de l'esclavage est donc la guerre ;
par la captivité, l'on devient esclave, pourvu que la
guerre soit déclarée entre deux nations différentes ;
aussi, pendant les guerres civiles, les prisonniers
n'étaient point faits esclaves, c'étaient toujours des
Romains : *hostes hi sunt qui nobis, aut quibus nos
publice bellum decrevimus, cæteri latrones aut præ-
dones sunt* (L. 118, ff. *de verb. sign.*).

Dire que la servitude est du droit des gens, c'est
faire connaître que ce principe est admis par tous les
peuples, et qu'il doit exister entre eux à l'état de réciprocité : on dirait de nos jours que c'est un principe de droit international. Les Romains faisaient-ils
des prisonniers de guerre, ceux-ci devenaient leurs
esclaves ; mais comme cette règle ne leur était point
propre, et qu'elle recevait son application de la part
des autres nations avec lesquelles ils pouvaient se
trouver en rapport, si les Romains avaient eux-
mêmes été faits prisonniers, ils étaient réduits en
esclavage.

Remarquons cependant que le citoyen romain prisonnier de guerre ne devenait point irrévocablement
esclave ; il pouvait bénéficier du *postliminium*. Si,
pendant la même guerre, il parvenait à s'échapper
des mains de l'ennemi et à rejoindre ses compagnons
d'armes, par une sorte de fiction légale il était censé
n'avoir jamais été absent du camp, et, comme conséquence, il avait conservé, par suite d'un effet rétroactif, la plénitude de ses droits, que cette servitude
momentanée aurait fait disparaître si elle se fût pro-
longée plus longtemps. Comme condition, le soldat

devait revenir dans sa légion, *corpore et animo*, avec l'intention d'y rester, jointe à sa présence réelle dans l'armée. Aussi, pendant la guerre punique, Régulus se trouvait bien à Rome *corpore*, physiquement ; mais l'*animus*, la volonté, faisait défaut chez lui, parce qu'il avait donné sa parole aux Carthaginois de retourner en Afrique s'il conseillait aux Romains de continuer la guerre ; il ne pouvait donc pas jouir du *postliminium*.

La captivité ne frappait donc le citoyen romain qu'autant qu'en fait il restait au pouvoir de l'ennemi qui l'avait fait prisonnier.

On peut encore être esclave dès sa naissance, lorsqu'on doit le jour à une femme esclave : *nascuntur ex ancillis nostris* (L. 5, § 1, ff. *de stat. homin.* ; Inst., § 4, *de jure person.*). C'est, en effet, une règle générale que l'enfant qui n'est pas né d'un légitime mariage doit suivre la condition de sa mère : *partus ventrem sequitur*. Or il faut savoir que l'union de l'esclave n'était point consacrée par le mariage ; il lui fallait accepter la compagne que son maître lui assignait, et il n'avait aucun droit sur ses enfants, qui devenaient comme lui la propriété du maître. Les justes noces, *justæ nuptiæ*, ne pouvaient avoir lieu qu'entre personnes libres ; aussi, puisque les enfants d'une esclave sont légalement considérés comme nés hors mariage, ils doivent nécessairement suivre la condition de leur mère : *Non interveniente connubio, matris conditioni liberi accedunt; ex libero et ancilla servus nascitur, quia partus matrem sequitur; in his autem qui non legitime concipiuntur, edic-*

tionis tempus spectatur (Ulpian., *Regul.*, tit. 5, nᵒˢ 8, 9, 10). Une exception avait été admise en faveur de la liberté : suivant la règle générale, l'enfant, qui suivait la condition de sa mère, acquérait la qualité que possédait celle-ci au moment de l'accouchement ; mais, par une faveur toute spéciale, naissait libre l'enfant dont la mère avait été libre à une époque quelconque pendant la gestation , durée qui, légalement, pouvait se continuer pendant dix mois à partir de la conception, sans jamais pouvoir être inférieure à six mois. *Sufficit, inquit Justinianus, liberam fuisse matrem eo tempore quo nascitur, licet ancilla conceperit ; et e contrario, si libera conceperit, et deinde ancilla facta , pariat.* Du reste , dans cette dernière hypothèse , la rigueur des principes se trouvait corrigée par cette autre règle de droit, que, dès que l'enfant est conçu, il passe, aux yeux de la loi, comme ayant déjà une existence séparée, toutes les fois que son intérêt l'exige : *Puer conceptus pro nato habetur, quoties de commodis suis agitur.*

Dans l'ancien droit, et jusqu'à l'époque de l'empereur Adrien , une femme libre pouvait cependant mettre au monde des enfants esclaves ; c'est ce qui arrivait lorsqu'elle vivait avec un esclave, et que le maître de celui-ci ne s'y opposait pas : *volente domino.*

Servi autem in dominium nostrum rediguntur, aut jure civili, aut gentium (L. 5, ff. *de stat homin.*). Nous avons déjà vu de quelle manière on perd la liberté, d'après le droit des gens, en devenant prisonnier de guerre ; il nous faut maintenant examiner les diverses hypothèses dans lesquelles, d'après le droit civil, on est réduit en esclavage. Les Institutes de Justinien (§ 4, *de jure person.*) ne mentionnent qu'un seul cas dans lequel, d'après le droit civil, on deviendrait esclave; mais, assurément, ce ne peut être là un oubli, et ce paragraphe, emprunté au jurisconsulte Marcien, n'a été reproduit par les rédacteurs des Institutes que sous forme d'exemple. L'hypothèse qu'il prévoit est celle où un homme libre, majeur de vingt ans, s'est fait vendre comme esclave pour partager le prix : le texte porte qu'il demeure esclave. Pour comprendre cette disposition, il faut rappeler que la liberté, n'étant point dans le commerce, est, par sa nature même, inaliénable, et qu'il est toujours permis à l'homme libre, esclave de fait (*esse in servitute*) et non pas de droit (*servus esse*), de revendiquer sa véritable condition devant les tribunaux, si, par l'effet de quelques circonstances indépendantes de sa volonté, il a été, par exemple, vendu comme esclave.

C'était là une véritable revendication. Dans l'ancien droit, le procès était soutenu par *l'assertor libertatis*, qui affirmait que l'homme qu'il présentait était bien de condition libre. Cette voie détournée avait été imaginée parce que l'esclave ne pouvait pas ester en justice, *stare in judicio*, monstruosité, aux yeux du droit romain, qui se serait pourtant produite, si le juge avait reconnu la demande mal fondée. De plus, la liberté ayant paru trop précieuse pour que l'on pût être exposé à la perdre sans retour par suite de la faillibilité des juges, on décidait que la chose jugée ne pouvait lier le condamné qu'autant que cette même question aurait été décidée trois fois de suite dans le même sens. Justinien abolit toutes ces formalités surannées, en établissant que celui dont la liberté est contestée sera admis à plaider lui-même, et que la question ne sera portée qu'une seule fois devant les juges, comme pour les autres procès, sauf le droit d'appel, qui reste entier. L'état apparent du plaideur étant celui d'un esclave, c'est à ce demandeur seul à fournir la preuve de ce qu'il avance et à convaincre ses juges que véritablement il est de condition libre.

Ces principes, déduction irréfutable des règles juridiques, devinrent l'occasion de trop nombreuses escroqueries. Un homme libre se faisait vendre comme esclave, l'acheteur de bonne foi payait son prix entre les mains de son vendeur, puis, après que ce dernier avait dissipé, en compagnie du prétendu esclave, la somme qu'il avait reçue, celui qui s'était laissé vendre revendiquait sa liberté et soutenait qu'étant de condition libre, ce ne pouvait être que par suite d'une erreur qu'il avait été vendu, et que ce n'était point à lui à en répondre. Le fait étant ensuite reconnu vrai, l'acheteur perdait son prix, car le plus souvent le recours qu'il pouvait exercer contre son vendeur devenait illusoire par suite de l'insolvabilité complète de ce dernier.

Il fallait réprimer ces abus, et ce furent sans doute les préteurs, que l'on voit, dans certains cas, corriger les règles trop sévères d'un droit strict en introduisant à côté, par suite d'une sorte de législation parallèle, des principes que leur dictait l'équité, qui refu-

sèrent les premiers de délivrer la formule de l'action
judiciaire en réclamation de la liberté à un homme
qui, sciemment et de mauvaise foi, s'était laissé vendre
comme esclave.

La liberté était jugée trop précieuse, et l'équité,
d'accord sur ce point avec toute la rigueur du droit,
exigeait un tempérament à cette règle nouvelle en
faveur des mineurs, qui n'avaient pas encore l'intelligence assez développée pour comprendre tout ce
que vaut la liberté, et pour saisir les conséquences
funestes de la servitude : ils étaient donc restitués
contre ces sortes de ventes. Mais quant aux majeurs,
plus à même d'apprécier les suites de leur conduite,
et pour les punir aussi de leur coupable intention, la
vente était irrévocable.

Les conditions exigées pour que l'homme libre,
vendu comme esclave, soit véritablement réduit en
servitude sont donc : l'âge de vingt ans chez celui
qui a consenti à se laisser vendre, et la bonne foi de
la part de celui qui l'a acheté. Il peut cependant se
faire que l'acheteur soit de mauvaise foi, qu'il sache
que l'homme qui lui est vendu est réellement de condition libre, et que, malgré cela, cet homme libre
devienne définitivement esclave. Cette hypothèse se
réalisera dans le cas où cet acheteur de mauvaise foi
revend aussitôt à un second acheteur qui est de bonne
foi : la vente réunissant dès lors les conditions exigées, l'âge de vingt ans et l'ignorance de la condition
de celui qui lui est vendu de la part de l'acheteur,
l'homme libre qui s'est ainsi fait vendre deviendra
esclave, car les choses sont ramenées exactement au

même point que si , *ab initio* , il eût été directement acheté par le second acheteur. De même, lorsqu'il y a plusieurs acheteurs simultanés , en sorte que l'esclave vendu devient, quant à eux , l'objet d'une copropriété indivise , la bonne foi d'un seul suffit pour que l'esclavage soit irrévocable. Toutefois l'homme libre qui s'est laissé vendre comme esclave pourra revendiquer sa liberté à l'encontre de ses acheteurs qui sont de mauvaise foi , et il deviendra la propriété exclusive de celui qui était de bonne foi. Sur la demande qui lui en sera faite , ce dernier ne se refusera peut-être pas à procéder à l'affranchissement.

Si un citoyen libre a été vendu comme esclave à quelqu'un qui le savait libre , il ne devient point esclave, et la liberté lui est conservée, puisque l'acheteur ne peut pas soutenir, en cette circonstance, qu'il a été trompé ; sans doute, il éprouvera un préjudice s'il a déjà versé son prix entre les mains de son vendeur ; *sibi imputet* le dommage qu'il subit , il s'y est volontairement exposé ; or, *nullum damnum sentire videtur qui sua culpa sentit ; nemo videtur fraudare eos qui sciunt et consentiunt* (L. 145 , ff. *de regul. jur.*).

Enfin la perte de la liberté ne serait point non plus encourue si celui qui s'est laissé vendre comme esclave croyait sincèrement qu'il était esclave , et que ce n'est que postérieurement à la vente qu'il parvient à découvrir qu'il est de condition libre. On ne voit pas pourquoi on dérogerait, en pareille circonstance, aux règles ordinaires pour lui refuser le droit de faire constater judiciairement son état légitime , puisqu'on ne saurait lui reprocher aucune faute, et que d'ailleurs il n'a point eu l'intention coupable de chercher à tromper l'acheteur. Il pourra donc revendiquer sa liberté, et même exercer un recours contre celui qui l'aurait vendu.

Le citoyen romain qui, appelé à faire partie du contingent des légions, refuse d'être soldat, devient esclave (L. 4, § 10, ff. *de re milit.*). Quand le peuple vend, avec tous ses biens, un citoyen qui s'est soustrait au service militaire, il juge qu'il n'est plus digne de conserver la liberté, parce que, pour la conserver, il n'a pas voulu affronter les périls de la guerre. Il est indigne de jouir de la liberté et de la protection des lois, celui qui refuse de combattre pour la défense de la patrie.

Lorsqu'à l'époque du recensement, un citoyen romain ne venait pas se faire inscrire sur les registres tenus à cet effet par les censeurs, il devenait esclave. Cette décision était la conséquence de cette autre, à savoir, que l'esclave qui se faisait comprendre dans le cens avec l'assentiment de son maître devenait libre, car il fallait à chaque citoyen un chapitre spécial, *caput*, sur les registres des censeurs. La loi ordonnait de vendre les biens, et ensuite de battre de verges, puis de vendre la personne de ceux qui ne se faisaient pas inscrire sur les rôles des censeurs. L'inscription sur ces rôles affranchissant un esclave légitime, tout homme libre qui n'a pas voulu réclamer a de soi-même renoncé à la liberté : *Quum is qui in servitute justa fuerit, censu liberetur, eum qui, quum liber esset, censeri noluerit, ipsum sibi libertatem abjudicasse judicatur* (Cicer. *pro Cœcina*, n° 34).

Le voleur surpris en flagrant délit devenait, d'après la loi des Douze Tables, l'esclave de celui qu'il avait voulu voler (Aulu-Gelle, *Nuits attiques*, XI).

Le débiteur, condamné par le juge, qui n'exécutait pas la condamnation encourue dans un certain délai, était attribué, *addicit judex*, au créancier, qui pouvait alors le vendre comme esclave (Aulu-Gelle, *Nuits attiques*, XX).

Lorsqu'un affranchi devenait ingrat envers son patron, la loi Ælia-Sentia autorisait ce dernier à intenter contre lui une accusation criminelle (L. 70, ff. *de verb. sign.*). Puis, sous l'empereur Néron, le sénat émit l'avis de priver de la liberté l'affranchi coupable d'ingratitude : *Per idem tempus actum in senatu de fraudibus libertorum, efflagitatumque ut adversus male meritos revocandæ libertatis jus patronis daretur; nec deerant qui censerent.....* (Tacite, *Annales*, liv. XIII, n°ˢ 26, 27). Mais, malgré cet assentiment du sénat, l'empereur se refusa à approuver cette solution, et l'on s'en tint à l'ancienne législation. L'empereur Commode décida de son côté, dans l'une de ses constitutions, que l'affranchi ingrat serait vendu comme esclave, et que le prix en serait remis au patron : *Quum probatum sit contumeliis a libertis patronos esse violatos, vel illata manu atroci esse pulsatos, aut etiam paupertate vel corporis valetudine laborantes relictos, primum eos in potestatem patronorum redigi, et ministerium dominis præbere cogi; sin autem nec hoc modo admoneantur, vel a*

præside emptori addicentur et pretium patronis tri-
buetur (L. 6, § 1, ff. *de agnosc. et alend. lib.*). Enfin
Justinien (L. 2, C., *de libert.* ; Inst., § 1, *de capit.*
demin.) établit en règle générale que l'ingratitude
d'un affranchi le fait retomber en esclavage et sous
la puissance de son patron : *Rursus sub imperium*
ditionemque mittatur, si manumissus ingratus circa
patronum suum extiterit, filiis etiam qui postea
nati fuerunt, servituris (L. 12, C., *de oper. libert.*).

Lorsqu'une femme libre a commerce, *contuber-*
nium, avec un esclave, malgré la défense du maître,
elle perdait la liberté d'après le sénatus-consulte
Claudien (Paul, *Sent.*, liv. II, tit. xxɪ) : *Si mulier*
ingenua civisque romana vel latina alieno se servo
conjunxerit, si quidem invito denuntiante domino in
eodem contubernio perseveraverit, efficitur ancilla.
Justinien a abrogé ce sénatus-consulte, qui, déjà avant
lui, avait été l'objet de nombreuses récriminations de
la part des jurisconsultes, *ne ea quæ libera constituta*
est, semel decepta vel infelici cupidine capta, vel alio
quocumque modo contra natalium suorum ingenui-
tatem, deducatur in servitutem (L. un., C., *de senat.*
Claud. toll.).

Le citoyen romain condamné *in metallum aut ad*
bestias depugnandas, étant déjà mort à la vie civile,
perdait la liberté au moment où la sentence qui le
frappait était prononcée. Justinien a encore abrogé
cette disposition, et la liberté, à son époque, était
conservée au condamné jusqu'à sa mort, ce qui avait
pour conséquence de laisser, par exemple, subsister
son mariage : *Separabatur matrimonium; nos autem*

*hoc remittimus, et nullum ab initio bene natorum
ex supplicio permittimus fieri servum* (Novelle XXII,
cap. VIII).

Nous venons de passer en revue les différentes
hypothèses dans lesquelles on devient esclave, et les
divers événements qui avaient pour conséquence de
priver les citoyens romains de leur liberté ; il nous
faut examiner maintenant quelle était la situation
des esclaves au milieu de la société romaine, et quels
étaient les droits que le maître pouvait avoir sur leur
personne. Toute cette matière peut se condenser et
se résumer dans les propositions suivantes : aux yeux
du droit civil, l'esclave n'est point une personne,
c'est une chose ; l'esclave ne peut rien posséder,
puisqu'il est lui-même la propriété d'un autre ; il ne
peut tester, son maître est son héritier légitime, et
il hérite à sa place s'il le trouve quelque part nommé
dans un testament.

C'est en analysant séparément chacune de ces propositions que nous allons tâcher de grouper ensemble
les différents textes législatifs qui ont rapport à l'esclave.

CHAPITRE II.

A Rome, les grands et les riches possédaient un nombre considérable d'esclaves, à ce point que l'on vit des particuliers propriétaires de vingt mille esclaves ; aussi, à chacun de ces infortunés, était minutieusement départie une occupation spéciale. Le principe d'économie politique aujourd'hui reconnu, la division du travail, était à Rome poussé, on peut le dire, jusqu'à ses dernières limites. On connaissait parmi les esclaves : les *ordinarii*, offrant une intelligence plus vive et plus développée, et qui avaient sous leurs ordres les *vicarii ;* parmi ces derniers, on comptait les *dispensatores* et les *procuratores*, pour s'occuper des dépenses de la maison ; les *silentiarii*, pour rétablir le silence ; les *lorarii*, dont la triste fonction était d'infliger le châtiment à leurs compagnons d'infortune ; les *cellarii*, pour s'occuper des soins de la cave ; les *nutricii*, chargés d'élever et de garder les enfants ; les *analectœ*, pour balayer ; les *janitores*, dont l'occupation était d'ouvrir la porte ; les *pocillatores*, ou échansons ; les *vestispici* et les *cubilarii*, ou valets de chambre, etc... Quelques-uns, barbarement rendus contrefaits dès leur enfance et appelés *distorti* ou *muriones*, avaient pour destination d'amuser par leurs jeux les convives pendant les repas. Le maître voulait-il sortir sur le Forum ou faire une promenade, les *ambulones* le précédaient pour écarter la foule et lui faire faire place ; les *nomenclatores* se chargeaient de lui dire le nom des personnes qui passaient près de lui ; les *calculatores* faisaient les calculs dont il avait besoin ; les *librarii* transcrivaient ses notes.....

In servorum conditione nulla est differentia (Inst., § 5, *de jure person.*) : il n'existe aucune différence dans la condition légale des esclaves ; devant la loi, ils ne sont rien ; aux yeux du droit civil, ils ne peuvent constituer une personnalité, puisqu'on les voit figurer parmi les choses : *Nullum caput servus habet, mortalitati servitus fere comparatur* (L. 209, ff. *de regul. jur.*).

Certains esclaves, pourtant, par leur position spéciale et par les travaux auxquels ils étaient assujétis, formaient, en quelque sorte, une classe à part : je veux parler des esclaves ruraux, *coloni*, *tributarii*, *originarii*... Il y avait entre eux et les esclaves soumis à la puissance d'une personne cette différence, qu'ils étaient moins dépendants d'une personne que d'un fonds de terre, de telle sorte que le propriétaire de ce fonds de terre n'était leur maître qu'en cette qualité, et que, s'il vendait le fonds, les esclaves changeaient de maître, car le propriétaire ne pouvait, en aucune manière, aliéner la terre à laquelle ils étaient attachés sans les aliéner eux-mêmes. Dans le dernier état du droit, on en était venu jusqu'à leur permettre le mariage (L. ult., C., *de agric. et cens.*); mais, quoiqu'ils pussent, sur ce point, différer des autres esclaves en général, on ne peut cependant pas dire qu'ils jouissaient de la liberté, même après l'époque à partir de laquelle le mariage leur fut permis. Cette nécessité de demeurer toujours dans le même lieu, et de cultiver toute leur vie la même pièce de terre, sous peine d'être poursuivis comme déserteurs s'ils la quittaient, les rendaient de véritables serfs de la glèbe, et était certainement incompatible avec l'idée que l'on se forme d'une liberté naturelle : *Licet conditione videantur ingenui, servi tamen terræ ipsius cui nati sunt, existimantur, nec recedendi quo velint aut permutandi loca habeant facultatem, sed possessores eorum jure utuntur et patroni sollicitudine et domini potestate* (L. un., C., *de col. Thrac. impp. Theod. et Val.*).

. Quelque dure que pût être l'existence de ces colons, celle des esclaves domestiques était plus misérable encore, exposés qu'ils étaient sans relâche à tous les caprices et aux mauvais traitements de leurs maîtres : *In servos omnia licere* (Sénèque, *de clementia*, chap. XVIII). De bonne heure, le luxe s'étant introduit à Rome et y ayant corrompu les mœurs, les maîtres faisaient servir les esclaves à leur orgueil, et ils se plaisaient sans aucun scrupule à les traiter inhumainement : de là plusieurs révoltes de la part des esclaves, et la promulgation de lois terribles pour rétablir la sûreté de ces maîtres cruels, qui vivaient au milieu de leurs esclaves comme au milieu d'ennemis.

Quant au pouvoir et à l'autorité du maître sur la personne de l'esclave, aucune restriction n'était possible. A partir de l'année 265 de la fondation de Rome, les esclaves furent employés à de sanglants exercices et à combattre des animaux : de là d'énormes quantités d'esclaves durent périodiquement s'en-tr'égorger pour le grand amusement du peuple. Juvé-nal, dans sa satire cinquième, parle d'une femme qui veut, par caprice, qu'on crucifie un de ses esclaves ; et comme son mari lui demande quel est le crime commis par cet homme, elle se récrie en disant : Un esclave est-il donc un homme : *ita servus homo est ?* Tout le monde connaît ce trait de Védius Pollion, courtisan d'Auguste, qui voulut un jour faire dévorer par ses murènes un de ses esclaves qui lui avait brisé un vase ; le malheureux parvint à s'échapper du réservoir où il avait été précipité et à aller se jeter aux pieds d'Auguste, qui soupait ce soir-là chez son maître. Ce n'était pas la vie qu'il demandait, mais un autre genre de mort. Auguste sauva cet infortuné et fit, dit-on, combler le vivier ; mais n'accordons point trop d'éloges à cet empereur, qui a pu, il est vrai, montrer en cette circonstance quelques sentiments d'humanité au milieu des plaisirs d'un festin, puisqu'il nous faut avouer que le monarque valait bien son courtisan, lorsqu'il fit mettre en croix, un autre jour, un de ses esclaves qui lui avait mangé une caille. Ce fut aussi sous son règne que fut porté un sénatus-consulte qui ordonnait, en cas de meurtre d'un citoyen dans sa maison, de mettre à mort indistinc-tement tous les esclaves qui habitaient sous le même toit que lui : c'est ainsi que, sous Néron, Pédianus Secundus ayant été trouvé assassiné dans sa demeure, ses quatre cents esclaves furent tous impitoyablement égorgés.

Pour la moindre faute, on leur appliquait cent coups de fouet ou on les tenait suspendus avec des poids énormes attachés aux jambes; puis, comme autres châtiments, on connaissait encore la mise dans les fers, l'imposition sur le cou d'une fourche de bois, le travail de la meule ou celui de la boulangerie, l'emprisonnement dans des cachots souterrains où, le plus souvent, on les tenait enfermés jusqu'à ce que la privation de nourriture eût déterminé leur mort, ou encore on les battait de verges, on les livrait aux bêtes féroces dans le milieu des cirques, on leur transperçait la poitrine avec un javelot, on les lapidait, on les empoisonnait, on exposait leurs membres sur des charbons ardents.... (L. un., C., *de emend. serv.*). Pendant de longs repas, qui se prolongeaient parfois durant toute la nuit, Sénèque nous apprend qu'il fallait qu'ils se tinssent debout, à jeun et en silence, et qu'ils ne devaient pas même remuer les lèvres; un accès de toux ou un mouvement étaient autant de crimes suivis de châtiments. L'histoire raconte que Néron faisait enduire de poix le corps de ses esclaves, puis que, le soir venu, il les faisait lâcher au milieu des allées de son jardin, après avoir ordonné d'y mettre le feu, pour procurer quelques distractions à ses courtisanes.

Ce droit de vie et de mort sur la personne de l'esclave était rigoureux sans doute, mais les réformes que l'on tenta sur cette question ne pouvaient aboutir, l'autorité du maître ne connaissant pas de bornes, et les efforts des jurisconsultes devaient rester impuissants pour déraciner d'aussi anciennes habitudes, ou parce qu'on considérait également que c'était porter une atteinte trop directe au droit de propriété. L'influence du christianisme ne put même pas changer d'un seul coup la portée de ces principes juridiques, et il fallut attendre longtemps encore pour trouver des constitutions impériales osant porter que l'esclave était un homme, et que le tuer c'était se rendre coupable d'homicide.

Nous voyons bien les premiers empereurs essayer de mettre des bornes à l'arbitraire des maîtres, et décider que dès qu'un esclave se serait réfugié *sub statuam Principis*, il y demeurerait en sûreté, parce qu'il se trouvait dans un lieu inviolable. Cette décision était dictée par un motif politique et de popularité plutôt que par un sincère sentiment d'humanité, puisque, dès que l'esclave abandonnait ce lieu d'asile, il ressentait plus que jamais tout le poids de l'autorité de son maître, qui lui infligeait un châtiment proportionné au nombre de jours pendant lesquels il avait réussi à se soustraire à sa vengeance. Sénèque nous apprend bien également, de son côté, qu'il y eut un magistrat, le préfet de la ville, préposé à l'effet de connaître des injures faites aux esclaves par leurs maîtres, de réprimer la cruauté ou l'avarice de la part de ces derniers, et de les forcer, en cas de refus, de leur fournir les choses nécessaires à la vie. Suétone nous dit, en effet (*in Vita Claud.*, ch. XXV), que plusieurs maîtres abandonnaient leur esclaves malades, sans leur procurer aucun remède, et que l'île d'Esculape, située au milieu du Tibre, était spécialement désignée pour recevoir ceux qui étaient devenus incurables : ils y périssaient sans aucun secours. Claude décida que les esclaves ainsi abandonnés deviendraient libres en cas de guérison (L. un., § 3, C., *de Latin. libert. toll.*), et que si quelqu'un les tuait en cet état, la peine encourue serait celle de l'homicide. Peu de temps après, la loi Petronia Cœsonia (an 814 de Rome) et le sénatus-consulte qui fut rendu sur cette loi n'accordèrent plus aux maîtres le droit arbitraire de condamner leurs esclaves à combattre les bêtes du cirque, il fallait l'autorisation préalable des magistrats.

Ces tentatives d'adoucissement de la condition des esclaves étaient, en quelque sorte, faites clandestinement ; les empereurs eux-mêmes, dans leurs constitutions, n'osaient pas établir des règles qui vinssent heurter trop violemment les principes universellement reçus jusqu'à eux, et il faut arriver au règne d'Adrien pour trouver un véritable progrès accompli ; et encore, ce ne fut guère que sous les Antonins que les lois protégèrent d'une manière efficace les esclaves contre la barbarie de leurs maîtres.

L'empereur Adrien commença par défendre de mutiler les esclaves, puis peu après il enlève aux maîtres le droit de les tuer. C'est lui qui décida aussi que le juge devait prononcer préalablement sur le supplice qui devait leur être infligé lorsqu'ils se seraient rendus dignes de mort. Il exila pour cinq ans une dame romaine nommée Umbricia, pour avoir, sur de légers motifs, traité trop cruellement ses esclaves, *quod ex levissimis causis ancillas atrocissime tractasset* (L. 2, ff. *de his qui sui vel alien. jur. sunt*).

Antonin le Pieux réprime aussi la cruauté des maîtres envers leurs esclaves, et il édicte la même peine contre celui qui a tué son esclave que celle qui est infligée au citoyen romain qui a tué l'esclave d'une autre personne : le maître sera exposé aux bêtes s'il est de condition inférieure, autrement il n'encourrait que la déportation, *si dolo servum occisus sit, et lege Cornelia dominum posse teneri constat, et si lege Aquilia , prejudicium fieri Corneliæ non debet* (L. 23, § 9, ff. *ad leg. Aquil.; L. 3, C., ad leg. Cornel. de sic.*) : *Qui hominem occiderit punitur, non habita differentia cujus conditionis hominem interemit* (L. 1, § 2, ff. *ad leg. Cornel. de sic.*). *Nam , ex constitutione Divi Pii Antonini , qui sine causa servum suum occiderit , non minus puniri jubetur quam qui alienum servum occiderit* (*Inst. Just.*, tit. VIII, §2). A propos d'un fait scandaleux d'Espagne, ce même empereur défend de maltraiter les esclaves, et il en arrive à prononcer une véritable expropriation ; dans le cas où le maître exerce de mauvais traitements sur la personne de son esclave, le président de la province peut intervenir pour imposer son autorité. L'esclave sera vendu à de bonnes conditions et pour un prix raisonnable ; mais il ne sera point permis d'ajouter à la vente des conventions qui lui seraient nuisibles, car la prospérité de l'État est intéressée à ce que chacun ne fasse pas un abus dangereux de la chose qui lui appartient. *Expedit enim reipublicæ ne sua re quis male utatur.* (*Eod. loc. cit.*)

Constantin confirme ce droit établi par ses prédécesseurs; il reconnaît bien au maître le droit de châtier son esclave, mais ce droit ne saurait aller jusqu'à lui donner la mort (L. un., C., *de emend. serv.*).

Justinien apporte, de son côté, quelques adoucissements au sort des esclaves, mais il n'eut pas la force d'abolir l'esclavage, qui se perpétua encore de longs siècles après lui. Et quoiqu'on ait pu dire que l'esclavage ait disparu du territoire français à la fin du XIIIe siècle, il fut tout au moins remplacé, à cette époque, par une institution équivalente. On connut alors les serfs, qui ne pouvaient disposer de leurs biens meubles et héritages par testament ni ordonnance de dernière volonté sans le consentement de leurs seigneurs: *vivunt liberi, moriuntur ut servi.* De plus, quant aux successions, les serfs ne se succédaient les uns aux autres que dans le cas où ils demeuraient ensemble, ou lorsqu'il existait entre eux une communauté de biens; à défaut de parents communs, le seigneur était leur héritier légitime. Enfin, par rapport aux femmes, disposition qui fait bien voir que les serfs n'étaient point considérés comme véritables propriétaires des terres qu'ils cultivaient, le seigneur avait le droit de for-mariage, c'est-à-dire que le seigneur prenait les héritages que la femme, serve de corps, pouvait avoir dans le lieu de mainmorte, lorsqu'elle se mariait dans une autre province. Une autre conséquence de ce que les serfs n'étaient point propriétaires, c'est qu'ils ne pouvaient vendre ou aliéner leurs héritages mainmortables qu'aux gens de la seigneurie et de même condition, et non à des personnes franches, ni à d'autres seigneurs, sans avoir le consentement exprès de leur propre seigneur. La servitude personnelle n'avait donc point disparu, puisqu'un ancien édit de nos rois de France porte qu'on pouvait revendiquer, en quelque lieu que ce soit, les serfs de corps. Il était réservé à notre glorieuse Révolution de 1789 d'abolir, d'une façon définitive, ces institutions contraires aux lois de la nature, et de proclamer l'égalité sociale et politique, l'égalité devant la loi.

§ I.

On divisait à Rome les *res privatæ* en *res mancipi* et *res nec mancipi;* et quoique les jurisconsultes n'aient point été d'un accord unanime sur cette classification, un point pourtant sur lequel il ne s'élevait aucune contestation, c'est que tous admettaient que les esclaves devaient être rangés parmi les *res mancipi* ou choses de mancipation : *Mancipi sunt... item servi* (Ulp., *Regul.*, tit. xix, nº 1), c'est-à-dire qu'ils pouvaient être l'objet d'un droit de propriété par essence. *Illud quæro, sint ne ista prædia censui cencendo; sint, nec ne sint mancipi* (Cic., *pro Flacco,* nº 32).

En termes de droit civil, le mot *mancipium* signifiait un droit de propriété et de domaine par excellence. Les *res mancipi* étaient celles qui pouvaient être vendues et aliénées, ou celles dont la possession pouvait passer d'une personne à une autre d'après une certaine formule, en usage seulement chez les Romains, et qui donnait à l'acquéreur la facilité de les prendre pour ainsi dire avec la main, *manu caperet*. Cet acte, pour être valable, exigeait certaines formalités que les anciens ont comprises sous le nom de *nexus* ou *nexum : Quum nexum faciet mancipiumque, uti lingua manciparit, ita jus esto.* C'était donc une convention passée entre deux citoyens romains, dont . l'un se dépouillait en faveur de l'autre de la propriété qu'il avait sur ces sortes de biens *mancipi.* Le transport se faisait par un contrat qui annexait ou attachait le droit de propriété à la personne de l'acheteur : de là ces termes *nexum, jus nexi,* pour exprimer la cession qui se faisait, devant le préteur, en présence de cinq témoins pubères et d'un *libripens : Mancipatio propria species alienationis est rerum mancipi; eaque fit certis verbis, libripende et quinque testibus præsentibus* (Ulp., *Regul.*, tit. xix, n° 3). L'acheteur prononçait la formule suivante : *Hanc ego rem, ex jure quiritium, meam esse aio, hoc œre œneaque libra;* après quoi il frappait la balance avec une pièce de monnaie qu'il présentait au vendeur par forme d'achat. Le vendeur acceptait la pièce, et cette acceptation mettait le sceau à la vente, qui devait néanmoins être ratifiée par le préteur. Tel est le mode solennel d'aliénation appelé mancipation, et qui n'était applicable qu'aux choses *mancipi,* à ce point, que la propriété d'une *res nec mancipi* n'aurait point passé, par ce moyen, du vendeur sur la tête de l'acheteur. Cette cérémonie était en usage dans les premiers temps de Rome, où l'on avait l'habitude de peser la monnaie avant qu'elle portât l'empreinte qui en figurait la valeur. Les biens acquis par ce mode d'aliénation s'appelaient *res mancipi vel mancupi*, et il fallait que le vendeur les garantît à l'acheteur et lui en assurât la possession paisible.

De ce que l'esclave est compris parmi les choses *mancipi*, aux yeux du droit civil il ne constitue point une personnalité, et il s'ensuit qu'il est soumis à toutes les règles qui régissent la propriété.

Le maître peut donc l'aliéner ; aussi le commerce des esclaves et de leurs enfants fut toujours permis à Rome. Ceux qui vendaient un esclave sur le marché étaient obligés de le garantir et d'exposer les défauts de son corps aussi bien que ceux de son caractère. Il fut même ordonné par des édiles que, lorsqu'on mènerait un esclave sur un marché, on l'exposerait dans une espèce de boîte, *catasta*, et qu'on lui attacherait un écriteau sur lequel on inscrirait toutes ses bonnes et mauvaises qualités. A l'égard de ceux qui venaient de pays étrangers, comme on ne les connaissait pas assez pour pouvoir les garantir, on les exposait, pieds et poings liés, dans le marché et coiffés d'une sorte de bonnet appelé *pileus*, ce qui annonçait que le maître ne se rendait point garant de leurs défauts.

L'esclave comptait parmi les biens, à ce point que la loi Ælia-Sentia déclarait nuls les affranchissements faits en fraude des créanciers, et accordait, à ce sujet, à ces derniers l'action paulienne, pour faire rentrer dans le patrimoine de leur débiteur la portion de leur gage qui en avait été ainsi divertie, l'esclave, dis-je, pouvait être revendiqué. Qu'on suppose alors une action en revendication, et que l'esclave prenne la fuite pendant le procès : le défendeur ne peut plus être condamné, *debitor rei certæ interitu liberatur*, puisque, l'esclave n'étant plus en sa possession, il ne saurait le restituer. Faisons de suite cette première distinction, que si l'esclave a pris la fuite par dol ou par suite encore des conseils que lui a donnés le défendeur, la condamnation serait encourue dans toute sa sévérité, *quod si dolo possessoris fugerit, damnandum eum quasi possideret* (L. 22, ff. *de rei vind.*); et comme ce dernier ne peut plus représenter l'esclave sur lequel il n'a point réussi à établir son droit de propriété, le juge va procéder à une estimation et le condamner à payer une somme d'argent. Mais s'il n'y a ni dol ni faute à lui imputer, il semble bien que le demandeur n'ait plus rien à exiger de lui. Toutefois le juge ne va pas l'acquitter entièrement sans que, au préalable, il n'ait offert une garantie qui sera plus ou moins forte, suivant que l'usucapion a été ou n'a point été accomplie. Si l'usucapion n'est pas encore accomplie, le défendeur pourrait dire au demandeur de revendiquer lui-même l'esclave contre ceux qui le détiennent, et aucune condamnation ne saurait actuellement l'atteindre s'il promet de le remettre à son légitime propriétaire, dans le cas où il reviendrait chez lui. Si le laps de temps requis pour l'usucapion est déjà expiré, les garanties exigées vont être différentes, parce que le maître ne peut plus revendiquer son esclave contre les tiers qui le détiennent, car ces derniers ne manqueraient point de lui répondre par cette exception que, n'étant plus propriétaire, il n'a, par suite, aucune qualité pour figurer dans l'instance. Le défendeur dans ce cas, pour être absous, devra donc promettre de poursuivre lui-même l'esclave qui est en fuite, et de le revendiquer pour le rendre ensuite au demandeur : c'est ce qu'on appelait donner caution *de persequendo servo* (L. 21, ff. *de rei vind.*). Le défendeur pourrait encore céder son droit de revendication en donnant mandat au maître de l'esclave d'agir pour son propre compte, *procurator in rem suam*, et la sanction de son refus serait la condamnation qui va être prononcée contre lui : il devient de mauvaise foi (L. 69, § 5, ff. *de legat.* 1°).

Puisque l'esclave est rangé au nombre des choses, la loi Aquilia va lui devenir applicable, c'est-à-dire que s'il est blessé ou même tué par un tiers, l'auteur du délit devra réparer le dommage qu'il a causé. Le premier chef de la loi Aquilia prévoyait le cas où un esclave avait été tué : l'auteur de l'accident devait, à titre de dommages-intérêts, payer au maître la plus haute valeur que l'esclave avait pu avoir dans l'année qui avait précédé le délit. Le texte portait *damnas esto dare*, ce qui veut dire qu'il y a déjà là une condamnation encourue de plein droit dès l'instant du délit; aussi, si au lieu de s'exécuter de suite, celui qui est en faute s'avise de plaider, il est exposé à payer le double s'il vient à succomber. La loi, en effet, avait déjà prononcé une condamnation, et si les parties vont devant le juge, celui-ci en prononcera une seconde (L. 2, ff. *ad leg. Aquil.*).

L'auteur du délit, avons-nous dit, était condamné à payer la plus haute valeur que l'esclave pouvait avoir eue dans l'année précédente, c'est-à-dire que si, au moment de l'accident, l'esclave se trouvait boiteux ou borgne, tandis qu'antérieurement il était *integer* et de grande valeur, l'indemnité serait fixée non pas sur ce que vaut actuellement l'esclave, mais sur ce qu'il valait à l'époque où il était dans toute sa force. C'est que, lorsqu'il s'agit de la chose d'autrui, la moindre faute, même *in abstracto*, engage la responsabilité et est punissable (L. 44, pr., ff. *ad leg. Aquil.*). Il faut pourtant admettre qu'un fou ou un enfant qui tuent l'esclave d'autrui ne sont passibles d'aucune action, parce qu'ils ne sont pas *doli capaces ; sensu carent.*

Cette estimation au-delà du dommage causé donne à l'action un caractère pénal. C'est pourquoi elle passerait bien aux héritiers du maître de l'esclave, mais, dès qu'elle contient un élément pénal, les héritiers du délinquant ne pourraient plus être poursuivis : les peines doivent être personnelles ; aussi cette action est-elle transmissible activement, sans l'être subjectivement. Cette action *legis Aquiliæ aut damni injuria dati* n'est point cependant infamante, parce qu'elle ne suppose pas nécessairement l'intention de nuire ; mais si l'esclave a été tué méchamment, c'est alors un crime, et le maître pourrait poursuivre criminellement le meurtrier (L. 3, C., *de leg. Aquil.*). Comme autre conséquence, si le délit a été commis simultanément par plusieurs complices, ils sont tous tenus solidairement, sans que la condamnation de l'un d'eux puisse acquitter les autres : *Sed si plures occiderint servum, si cum uno agatur, cœteri non liberantur ; nam ex lege Aquilia quod alius prœstitit, alium non relevat, cum sit pœna* (L. 11, § 2, ff. *ad leg. Aquil.*).

L'esclave qui a été tué était nommé héritier, et n'avait point encore fait adition d'hérédité : le *quantum plurimi* s'estimera d'abord d'après la valeur intrinsèque de l'esclave, et, de plus, d'après ce que valait l'hérédité ; la réparation du dommage causé doit être telle que le maître se trouve, après la mort de son esclave, dans la même situation que s'il n'eût pas été tué.

Le troisième chef de cette même loi Aquilia prononçait aussi un *damnas esto* contre celui qui, sans droit, avait blessé l'esclave d'autrui. La peine était, dans ce cas, l'obligation de payer la plus haute valeur que l'esclave avait eue dans les trente jours précédents. Cette estimation rétroactive donnait encore à l'action, dans cette hypothèse, un caractère de pénalité (L. 27, § 5, ff. *ad leg. Aquil.*), et ici encore on appréciera très-sévèrement, *in abstracto*, la faute qui a pu être commise ; les accidents constitueraient des délits, *imperitia culpœ adnumeratur* (L. 132, ff. *de regul. juris*).

Le premier chef de la loi portait les mots *quanti plurimi fuerit;* le troisième ne portait que *quanti fuerit;* de là cette question, qui s'était soulevée, de savoir si, dans le cas de blessures faites à l'esclave, il fallait également payer sa *plus* haute valeur dans les trente jours antérieurs. Des jurisconsultes répondirent avec raison que ce n'était là qu'une subtilité, car dès qu'on est condamné à payer la valeur de l'esclave, ce doit être évidemment sa plus haute valeur ; il suffisait, d'ailleurs, d'avoir établi la règle générale dans le premier chef, et il était inutile de la rappeler encore dans le troisième, qui n'en était qu'une déduction et un *a fortiori* inévitable.

Il est à remarquer que, pour pouvoir être tenu de l'action de la loi Aquilia, le dommage doit être matériel et fait *corpore corpori* ; il faut donc s'être mis en contact direct avec la chose d'autrui. Qu'on suppose que le dommage ait bien eu lieu, mais que l'on n'ait pas touché l'esclave, comme dans le cas où on l'a enfermé et qu'il est mort de faim, l'action serait bien donnée, mais seulement *utilitatis causa*. On dit à un esclave de monter dans un arbre, ou de descendre dans un puits, et il se blesse ou se tue : on n'accordera encore, dans ce cas, qu'une action utile. Mais si les deux conditions manquent à la fois, on ne peut plus invoquer le texte de la loi : par exemple si un tiers trouve l'esclave d'autrui attaché à un arbre et que, touché de compassion, après avoir délié les liens, l'esclave prenne la fuite. Il a bien touché le corps de cet esclave, mais il ne l'a pas blessé ; aussi le maître ne pourra-t-il agir, dans cette circonstance, que par une action *in factum aut præscriptis verbis* (L. 33, § 1, ff. *ad leg. Aquil.*). Mais dès qu'on rencontrerait méchanceté ou intention de nuire, on deviendrait dès lors complice du vol que l'esclave aurait commis de sa propre personne, et poursuivi comme tel.

La loi avait dit *domino dare :* l'action n'était donc pas accordée à quiconque avait intérêt à l'exercer, mais seulement au maître ; on la donnait pourtant encore à ceux qui avaient sur l'esclave un *jus in re,* c'est-à-dire à l'usufruitier et au créancier gagiste (L. 12, ff. *ad leg. Aquil.*).

L'action de la loi Aquilia peut concourir avec d'autres actions, dans le cas par exemple où l'on a prêté, remis en dépôt ou en gage un esclave, et que l'emprunteur, le dépositaire ou le créancier gagiste soient les auteurs du délit. Ils seront en outre tenus d'une action directe de commodat de dépôt ou de gage ; mais celui qui a souffert du dommage a un grand intérêt à intenter l'action de la loi Aquilia, parce qu'il obtiendra d'abord une indemnité plus forte, et que, de plus, il recevra le double de l'estimation en cas de dénégation de la part du défendeur. On pourrait même cumuler les deux actions, et, après avoir exercé l'action qui donne l'indemnité la moins forte, intenter, pour le surplus qu'elle peut procurer, celle de la loi Aquilia (L. 34, § 2, ff. *de oblig.*).

Si j'avais promis de livrer un esclave et qu'un tiers vînt à le tuer, il en résulte que, débiteur d'un corps certain et déterminé, je me trouve libéré, et que ce motif m'empêche même d'exercer l'action de la loi Aquilia contre celui qui a tué mon esclave, parce que, n'éprouvant aucun préjudice, je n'ai aucun intérêt à le faire. Le créancier, de son côté, ne pourrait pas non plus l'exercer, parce qu'il n'était pas encore propriétaire. Toutefois l'équité exige que le tiers auteur du délit réponde de la faute qu'il a commise ; on accordera donc contre lui une action de dol (L. 18, § 5, ff. *de dol. mal.*).

L'esclave a pu être tué par le créancier lui-même auquel il était dû. Si le débiteur n'était pas encore en demeure, il se trouve libéré ; mais il pourra, malgré cette circonstance, exercer contre le créancier l'action pénale de la loi Aquilia, parce que, par la faute de ce dernier, il se trouve privé du bénéfice du terme (L. 54, ff. *ad leg. Aquil.*). Si, au contraire, le débiteur se trouvait déjà en demeure, il n'aurait point d'action, car il s'opère une sorte de compensation entre ce qu'il devait au créancier et ce que son créancier peut lui devoir par suite du délit dont il est l'auteur (LL. 54, 55, ff. *ad leg. Aquil.*).

Si le débiteur tue l'esclave promis, il reste débiteur, et le créancier exercera plus tard le droit que lui confère sa créance, parce qu'on ne saurait admettre qu'un débiteur pût se libérer par suite d'un fait qui lui serait personnel.

Si c'est un des *corei promittendi* qui est l'auteur du délit, les autres débiteurs, qui ne sont point en faute, ne peuvent répondre que du montant de la créance.

Si c'est un fidéjusseur qui a tué l'esclave, d'après les principes du droit strict on devrait le déclarer complétement libéré, ainsi que le débiteur principal, parce que, par rapport à ce dernier, il est véritablement un tiers, et que, l'obligation principale se trouvant éteinte, le cautionnement ne saurait se concevoir pour une dette qui n'existe plus. Le créancier ne peut donc exercer contre ce fidéjusseur qu'une action de dol (L. 19, ff. *de dol. mal.*). Cette question faisait cependant l'objet d'une vive controverse entre les jurisconsultes romains, et plusieurs d'entre eux accordaient au créancier l'action *ex stipulatu*, parce que, disaient-ils, le fidéjusseur ne peut pas, par son fait personnel, se libérer lui-même d'une façon indirecte (L. 88, ff. *de verb. oblig.*).

L'esclave, nous venons de le voir, pouvant être l'objet d'un droit de propriété directe, rien n'empêche le maître de l'aliéner à titre gratuit ou à titre onéreux, d'en céder à un autre l'usufruit ou l'usage. Celui qui a l'usufruit d'un esclave peut s'en servir pour ses besoins; il peut aussi le louer. Toutefois, par respect de la dignité humaine, prétend-on, les enfants d'une esclave ne sont point considérés comme des fruits, et l'usufruitier ne peut prétendre sur eux aucun droit : *Partus ancillæ in fructu non est* (L. 28, § 1, ff. *de usur. et fruct.*; Inst., § 37, *de divis. rer.*). La propriété en est attribuée à celui-ci au lieu de l'être à cet autre, au nu-propriétaire et non à l'usufruitier, et la dignité humaine est, paraît-il, satisfaite. Il est à remarquer aussi que celui qui a l'usufruit d'une esclave et qui, de bonne foi, a vendu le part, ne commet pas de vol, parce qu'il n'a pas eu l'intention coupable de s'attribuer frauduleusement la propriété d'autrui. Cette bonne foi, chez le vendeur, ne suffit point, il est vrai, pour le rendre propriétaire, mais elle a néanmoins cet avantage de permettre à celui qui a acheté de pouvoir usucaper (*Inst.*, § 5, *de usuc. et long. temp. poss.*).

L'usager d'un esclave ne peut point le louer, il doit en tirer profit par lui-même. Il a droit à tous les services de cet esclave; et, comme ils travaillaient ordinairement dans la maison de leur maître, où chaque industrie avait un atelier à part, appelé *ergastulum,* il peut prendre certains ouvrages à faire pour les donner à confectionner, chez lui, à cet esclave dont il n'a que l'usage. Si l'usager est marié, son conjoint jouit des mêmes droits (*Inst.,* § 3, *de usu et habit.*; L. 9, ff. *eod. tit.*).

Une dernière application de ce que l'esclave est considéré comme une chose se trouve dans l'abandon noxal. *Noxia,* c'est le délit lui-même, et *noxa, corpus quod nocuit;* on trouve cependant dans Virgile *unius noxam*, dans le sens de délit d'un seul (L. 238, ff. *de verb. signif.*).

On appelle actions noxales, celles qui sont intentées contre nous, non en vertu d'un contrat, mais pour les dommages et les délits commis par nos esclaves. Tels sont l'effet et la force de ces actions que, si nous sommes condamnés, nous avons la faculté d'éviter le payement de l'estimation du dommage en abandonnant l'esclave lui-même (L. 1, ff. *de nox. act.*).

Nous verrons bientôt que l'esclave ne peut point obliger son maître par ses délits. Ce principe salutaire était même nécessaire à Rome, où, suivant une espèce d'axiome, l'esprit des esclaves était naturellement mauvais, et les Romains le savaient bien. L'abandon noxal était quelquefois un moyen détourné dont se servaient les esclaves pour tâcher d'arriver à être libres ; ils commettaient délits sur délits pour se faire abandonner par le maître, puis ils réparaient le dommage qu'ils avaient causé, et se faisaient ensuite affranchir par leur nouveau maître.

Si un délit a été commis, il faut pourtant bien une réparation pour le préjudice qui a été souffert ; le tiers qui a éprouvé le dommage agira donc contre le maître, et ce dernier aura le choix ou de rendre indemne le tiers qui se plaint, ou de lui abandonner l'esclave auteur du délit dont il demande la réparation. On considère le maître comme un tiers détenteur d'un bien hypothéqué : il lui faut abandonner le bien, qui répond seul de l'acquittement de l'obligation, ou payer le créancier qui exige le remboursement de sa créance. Cette faculté d'abandonner l'esclave, pour se soustraire aux conséquences des délits qu'il a pu commettre, était permise même après que la condamnation avait été prononcée (L. 6, ff. *de re judic.*): le juge condamnait à faire l'abandon de l'esclave, ou à payer une somme d'argent à titre d'indemnité, car c'était la loi elle-même qui autorisait le maître à opter pour l'abandon.

Cet abandon se faisait par une mancipation ou par une *cessio in jure* ; et si le maître ne se présentait pas pour défendre son esclave, ce dernier était amené de force sur l'ordre du préteur, puis adjugé à celui qui se plaignait d'avoir éprouvé quelques dommages ; il en devenait propriétaire bonitaire, *servus erat in bonis*, et il lui fallait un an d'usucapion pour être investi d'un droit de propriété *et jure quiritium*.

L'action noxale suit l'esclave en quelques mains

qu'il passe, *noxa caput sequitur ;* et c'est bien là un
véritable droit de suite en faveur du tiers lésé par le
délit, et c'est bien dire aussi que le maître n'est tenu
de réparer le dommage éprouvé que parce qu'il détient
cet esclave, *propter rem et occasione rei.* Comme
conséquence de ce principe, si l'esclave change de
maître par suite de vente, de décès ou de toute autre
manière, c'est le maître actuellement propriétaire qui
doit être actionné. L'action noxale peut donc devenir
directe lorsque l'esclave est affranchi, puisque, dès
lors, c'est lui-même qui est devenu le détenteur de
sa propre personne : *Servi ex delicto quidem obli-*
gantur, et si manumittuntur, obligari remanent
(L. 14, ff. *de oblig. et action.*); et réciproquement,
l'action directe *ab initio* peut devenir noxale, si
l'homme libre, coupable d'un délit, tombe plus tard
en esclavage.

Si l'esclave est l'auteur d'un fait dommageable, et
que ce soit précisément son maître qui ait eu à en
souffrir, ce dernier châtiait l'esclave à son gré (L. 1,
C., *de nox. act.*); mais que l'on suppose qu'il vende
ensuite ce même esclave, l'action noxale va-t-elle
apparaître, et l'ancien maître pourra-t-il actionner
son acheteur et exiger de lui la réparation du dommage ou l'abandon de l'esclave? Non, l'action noxale,
qui n'est jamais née, ne peut jamais naître (L. 6, C.,
an serv. pro suo fact. post manum. ten.); du reste,
le vendeur ne doit-il pas garantie à son acheteur de
toutes les évictions qu'il peut éprouver? or *quem de*
evictione tenet actio, eumdem agentem repellit excep-
tio. Mais il existait, au dire de Gaïus (*Inst.*, liv. IV,

nº 78), une controverse entre les jurisconsultes de son époque sur le point de savoir si l'action noxale pouvait renaître lorsque celui qui a eu à souffrir du délit qui a été commis, après avoir acheté l'esclave, le revendait quelque temps après. Justinien, dans ses Institutes, § 6, *de nox. act.*, décide avec raison que l'action noxale, une fois éteinte, ne peut plus être exercée, car il y a eu confusion des deux qualités de créancier et de débiteur réunies sur la même tête : *Ideoque, licet exierit de tua potestate, agi non potes* (L. 18, ff. *de furt.*).

CHAPITRE III.

L'ESCLAVE NE PEUT RIEN POSSÉDER, PUISQU'IL EST LUI-MÊME LA PROPRIÉTÉ D'UN AUTRE ; IL NE PEUT NI ACTIONNER EN JUSTICE NI ÊTRE ACTIONNÉ.

La liberté sociale peut se définir : le droit de jouir et d'accroître ses propriétés. C'est une indépendance des volontés étrangères qui nous permet de faire valoir, le plus qu'il nous est possible, notre droit de propriété, et d'en retirer toutes les jouissances qui peuvent en résulter, sans porter préjudice au droit de propriété des autres hommes. Cette définition à elle seule nous fait connaître combien doit être simple l'ordre essentiel des sociétés, et nous ne sommes point embarrassés pour déterminer la portion de liberté dont chaque citoyen doit jouir ; la mesure de cette portion est toujours évidente, et elle nous est naturellement donnée par le droit de propriété.

Le droit de propriété, considéré par rapport au propriétaire, n'est autre chose que le droit de jouir ; or il est évident que ce droit de jouir, comme la liberté de jouir, ne peut avoir lieu sans le droit de propriété. Sans le droit la liberté n'aurait aucun effet, à moins d'admettre dans un homme la liberté de jouir des droits d'un autre homme ; mais cette idée renfermerait une contradiction, car elle supposerait, dans le second, des droits qu'il n'aurait point,

puisqu'il ne pourrait pas les exercer, droits qui appartiendraient, au contraire, à celui qui aurait la liberté
d'en jouir.

Par la raison que le droit de jouir et la liberté de
jouir ne peuvent exister l'un sans l'autre, on doit les
considérer comme ne formant qu'une même préro-
gative, qui peut changer de nom selon la façon de
l'envisager ; ainsi on ne peut blesser la liberté sans
altérer le droit de propriété, et on ne peut attenter
au droit de propriété sans, du même coup, porter
atteinte à la liberté : telle est l'étendue du droit de
propriété, telle est aussi l'étendue de la liberté.

Les Romains, admettant l'esclavage, c'est-à-dire
la privation de la liberté, auraient donc manqué de
logique s'ils eussent admis un droit de propriété quelconque en faveur de l'esclave. Aussi, l'esclave étant
déjà la propriété du maître, tout ce qu'il peut acquérir par son industrie et son travail, par donation ou
de quelque autre manière que ce soit, tout appartient au maître *jure dominii*. L'esclave, n'étant rien
aux yeux du droit civil, ne peut être, entre les mains
du maître, qu'un instrument d'acquisition. Il est à
remarquer cependant qu'un esclave n'aurait pas pu
faire une mancipation au profit de son maître, pas
plus qu'un fils de famille en faveur de son père, parce
qu'il fallait, dans ce contrat solennel, s'affirmer soi-
même propriétaire *et jure quiritium*, droit dont le
paterfamilias seul pouvait être investi, et qui, par
sa nature, ne pouvait reposer, même un instant de
raison, sur la tête d'un esclave.

Propriété et créance, tout est acquis au maître ;

que l'esclave stipule pour lui-même ou pour son
maître, le résultat juridique est le même. L'acquisition a encore lieu contre la volonté du maître, parce
que c'est une conséquence de droit nécessaire et
fatale. Cette défense, faite par le maître à son esclave
de stipuler à son profit, ne peut produire aucun effet;
l'esclave acquiert à son maître, *invito*, qu'il le veuille
ou qu'il ne le veuille pas; libre à lui, plus tard, de
faire valoir la créance et d'en exiger le payement, ou,
au contraire, d'en faire remise : c'est presque une
faculté légale dont le maître ne peut point priver son
esclave (L. 62, ff. *de verb. oblig.*).

Quoique l'esclave n'ait par lui-même aucune capacité civile, il pouvait cependant stipuler, en se cou-
vrant, pour ainsi dire, de la personnalité de son
maître. Quand mon esclave stipule, c'est exactement
comme si moi-même j'avais stipulé : *Quodcunque
stipulatur, is qui in alterius potestate est, pro eo habetur, ac si ipse esset stipulatus* (L. 45, pr., ff. *de verb.
oblig.*). Mais, s'il est permis à nos esclaves de stipuler
à notre profit, on ne saurait cependant leur permettre
de jouer le rôle de promettant, ce qui serait trop dangereux : *Melior conditio nostra per servos fieri potest,
deterior fieri non potest* (L. 133, ff. *de regul. jur.*).

Les esclaves ne peuvent donc s'obliger civilement
envers les tiers, puisqu'ils ne sont pas des personnes
(L. 107, ff. *de regul. jur.*) : *cum servo nulla actio
est;* et il ne peut tout au plus exister qu'une simple
obligation naturelle, qui ne saurait donner lieu à
aucune action en justice contre le maître : *Ex contrac-
tibus autem civiliter quidem non obligantur, sed na-*

turaliter obligant et obligantur (L. 14, ff. *de oblig.*).

L'esclave qui stipulait pour tout autre que pour son maître faisait une stipulation nulle, et une personne libre n'aurait même pas pu le faire : *Servus alienus alii nominatim stipulando, non adquirit domino* (L. 30, ff. *de stip. serv.*).

Une autre conséquence des principes généraux admis en cette matière, c'est que l'esclave qui n'a point de maître, *pro derelicto habitus*, ne saurait stipuler, parce qu'il ne possède par lui-même aucune capacité personnelle, et qu'il ne saurait invoquer celle de qui que ce soit (L. 36, ff. *de stip. serv.*).

Si l'esclave appartient à un seul maître, il stipulera du chef de son maître, pourvu que ce dernier ait la jouissance de ses droits civils ; mais il faut admettre pourtant qu'il pourrait suppléer à une incapacité de fait, et que, même dans ce cas, le bénéfice de la stipulation n'en serait pas moins acquis au maître. L'esclave peut dire : promettez-vous de donner à mon maître, à moi-même, à cet esclave qui a le même maître que moi..... ? l'effet juridique n'en est nullement changé. L'héritier volontaire qui n'a point encore fait adition d'hérédité peut être nommé dans la stipulation, d'après l'opinion de Papinien, de Paul et de tous les autres proculéiens. Gaïus, au contraire, Modestin et l'école des sabiniens ne le permettaient pas, parce que, disaient-ils, l'héritier qui n'a pas accepté la succession qui lui est échue n'a encore jamais été propriétaire des biens qu'a pu laisser le défunt. Le plus sûr était donc de stipuler *impersonaliter*, c'est-à-dire sans désigner personne ;

ce dernier moyen était même le seul qui fût praticable dans le cas où, au moment de la stipulation, le maître de cet esclave était retenu comme prisonnier de guerre chez l'ennemi : à cette époque-là, en effet, il ne jouissait lui-même d'aucune capacité civile, et il lui faudra le bénéfice du *postliminium* pour pouvoir réclamer les avantages de cette stipulation faite pendant son absence.

Plusieurs hypothèses peuvent ici se présenter, suivant la position de l'esclave, selon l'objet de la stipulation, soit encore d'après la situation respective des maîtres, et il importe de les exposer isolément.

Si la stipulation a pour objet un fait, l'exercice en sera acquis au stipulant : l'esclave stipule qu'il pourra passer, c'est lui seul que l'on devra souffrir passer ; mais si un tiers vient apporter quelques obstacles à l'exercice de son droit, c'est le maître seul qui pourra agir en justice, comme étant seul créancier par suite de cette stipulation. On ne comprend pas un fait stipulé au profit d'autrui, on peut facilement concevoir qu'il y ait des droits qui puissent passer d'une personne à une autre, *quia quæ facti sunt, non transeunt in dominum* (L. 44, ff. *de condit. et demonst.*; Inst., § 1, *de stip. serv.*; L. 130, ff. *de verb. oblig.*).

Si l'esclave appartient à une hérédité vacante, *jacens hereditas*, ce qui arrive lorsque l'héritier institué n'a point encore fait adition, il pourra stipuler du chef du défunt représenté, provisoirement, par son hérédité, *hereditas personæ defuncti vicem sustinet*, et ce que l'esclave acquerra par ce moyen sera bien acquis postérieurement à l'héritier, qui trouvera le bénéfice de cette stipulation confondu avec les autres biens de la succession ; mais on ne peut pas dire que, dans ce cas, l'esclave a emprunté la personnalité de l'héritier, puisqu'il n'était encore investi à son égard d'aucun droit de propriété. Cette stipulation est donc, quant aux effets de son exécution, subordonnée à la condition que l'héritier fera adition, *si servus hereditarius stipulatus sit, nullam vim habitura sit stipulatio, nisi adita sit hereditas, quasi conditionem habeat* (L. 73, § 1, ff. *de verb. oblig.*). Et, admettant que l'hérédité représente provisoirement le défunt, on est forcé de conclure que l'esclave héréditaire ne peut pas stipuler un droit d'usufruit, parce que c'est un droit essentiellement personnel, qui ne peut s'acquérir au profit d'un être fictif au moral, tel qu'une hérédité. Bien plus, l'esclave, dans cette même hypothèse, ne pourrait point stipuler un usufruit conditionnel, car, le *dies cedit* ayant lieu au moment même du contrat, il ne se trouverait personne capable de l'acquérir : *Ususfructus sine persona esse non potest* (*Fragm. Vatic.*, n° 55). S'il s'agissait, au contraire, d'un legs d'usufruit fait à un esclave héréditaire, la disposition serait valable, car le droit ne s'ouvrirait pas de suite, et le *dies cedit* n'aurait lieu qu'au moment de l'adition d'hérédité de la part de l'héritier du testateur qui a fait le legs (L. 26, ff. *de stip. serv.*).

Si l'esclave appartient à plusieurs maîtres, le bénéfice de la stipulation leur est en général acquis, non pas en ce sens qu'ils deviennent tous créanciers corréaux, mais bien en proportion du droit de propriété qu'ils peuvent avoir sur l'esclave qui a stipulé, en se reportant toujours à l'époque où cette stipulation a eu lieu (L. 40, ff. *de stip. serv.*). Cette règle ne souffre que trois exceptions : 1° l'esclave a-t-il stipulé nominativement au profit de l'un de ses maîtres en le désignant par son nom, *nominatim*, le bénéfice en sera acquis à celui-là seul qui aura été nommé par l'esclave ; et s'il les a tous nommés, ils acquerront, non pas au *prorata* de leurs droits indivis de propriété, mais par portions égales entre eux, de telle sorte que celui qui n'aurait sur l'esclave qu'un droit indivis pour un quart aurait une part égale à celui dont le droit serait des trois quarts, *pro virilibus partibus eis ex stipulatione debetur* (L. 37, ff. *de stip. serv.*) ; 2° l'esclave a-t-il stipulé sur l'ordre d'un seul de ses maîtres, il est assez naturel d'attribuer exclusivement à celui-ci le profit de la créance acquise. Cette solution, rejetée pourtant par les proculéiens, qui soutenaient que l'ordre aussi bien que la défense émanant du maître n'avaient, quant à lui, aucun effet possible, a cependant été confirmée par Justinien dans ses Institutes ; elle était, du reste, déjà professée par l'école des sabiniens ; 3° si l'objet de la stipulation ne peut être acquis que par un seul des maîtres, force est bien de conclure que celui-là seul jouira du bénéfice qui peut en résulter, si, par exemple, on suppose que l'esclave ait stipulé une chose appartenant déjà à l'un de ses maîtres communs, ou qu'il ait stipulé une servitude, et qu'un seul de ses maîtres possède un fonds de terre contigu à celui qui doit désormais rester grevé de cette servi-

4

tude et en souffrir l'exercice, ou encore qu'il ait stipulé une dot, et qu'un seul de ses maîtres soit sur le point de se marier (LL. 7, 8, ff. *de stip. serv.*).

Il peut se faire encore que l'on n'ait sur un esclave qu'un droit d'usufruit, ou que l'on possède de bonne foi l'esclave d'autrui : alors on ne pourra acquérir que ce qui sera considéré comme le résultat et le produit des travaux de l'esclave. Ce qui serait acquis de toute autre manière appartiendrait au nu-propriétaire ; comme si, par exemple, l'esclave était institué héritier, le nu-propriétaire recueillerait seul toute la succession. Le legs fait à un esclave, dont un autre aurait l'usufruit, serait également attribué au nu-propriétaire, à moins que le testateur n'ait formellement spécifié que la disposition était faite en faveur de l'usufruitier, *uti paterfamilias super pecunia suæ rei in testamento legasset, ita jus esto* (*Duodec. Tabul., quint. tab.*).

Celui qui n'aurait que l'usage d'un esclave n'aurait droit qu'aux acquisitions provenant *ex sua re aut operibus servi.*

S'il est vrai, en thèse générale, que l'esclave ne peut être actionné devant les tribunaux, il arriverait parfois, par suite de certaines circonstances, que la justice et l'équité seraient violées si le préteur, organe de l'opinion publique, n'avait pas cru pouvoir insérer dans son édit qu'il accorderait contre les esclaves une action judiciaire, et que les maîtres seraient tenus, jusqu'à concurrence seulement du pécule, d'accomplir les obligations auxquelles ils se seraient soumis. L'usage et les mœurs avaient, en effet, fait

admettre que l'esclave pouvait posséder personnellement un patrimoine distinct de celui du maître : le
pécule de l'esclave se composait de ses économies et
des quelques biens dont le maître lui avait abandonné
la jouissance. Qu'on suppose donc qu'un esclave
ait contracté librement, le tiers aura contre le maître
une action *de peculio*, pour exiger payement jusqu'à
concurrence du montant du pécule , sans que jamais
il puisse exercer des poursuites sur ses biens personnels. S'il s'agit d'une vente , on agira par l'action
empti venditi, à laquelle on ajoutera celle *de peculio,*
ou encore celle *de in rem verso;* et bien que cette
action que l'on exerce soit unique, on peut cependant
y découvrir deux causes possibles de condamnation :
pour le tout, *in solidum* , si le maître a retiré un
profit équivalent ; jusqu'à concurrence seulement du
pécule, s'il n'a retiré aucun avantage. Si le maître
est lui-même créancier de son esclave , il est payé
par privilége, car on doit supposer qu'il s'est payé à
l'avance lui et les siens. L'action, sur le chef *de
peculio* , était annale : ainsi donc, si l'esclave a été
affranchi , aliéné , ou s'il est décédé , ses créanciers
n'ont qu'une année pour agir ; mais tant que l'esclave
reste sous la puissance de son maître, l'action peut
être utilement exercée (L. 1, § 1, ff. *quando de pec.
act. annal. est*). Quant au chef *de in rem verso*,
l'action est perpétuelle , c'est la justice qui l'exige ,
car il n'est jamais permis de s'enrichir au détriment
d'autrui. *Servus, si pecuniam acceptam in rem domini verterit, dominum obligat de in rem verso in
solidum* (Paul, *Sent.*, tit. ix).

Cette question de savoir si le maître peut être poursuivi par suite des obligations que son esclave aurait consenties vis-à-vis d'un tiers ne peut présenter quelque intérêt pour ce dernier que dans le cas où cette obligation a engendré une action *rei persecutoriæ ;* car, si elle était pénale, le maître aurait la faculté de s'affranchir de toute poursuite par l'abandon noxal.

Si c'est sur l'ordre du maître que l'esclave a contracté, le tiers n'a rien à craindre, et, dans ce cas, il agira par l'action *quod jussu :* sa position est très-avantageuse, puisqu'il peut poursuivre le maître *in solidum* et pour la totalité du montant de la créance ; il n'a, en effet, contracté avec l'esclave qu'en suivant la foi du maître, *fidem ejus secutus est.* Le tiers, en demandant la formule d'action au préteur, sera obligé d'y faire insérer les mots *quod jussu domini*, et, pour ce motif, on dit que ce sont des actions *adjectitiæ qualitatis.* Ce ne sont point là de nouvelles actions, et on n'exercera que celles qui résultent du contrat dont on réclame l'exécution ; mais comme on ne peut pas agir directement contre celui qui est débiteur principal, on est bien obligé d'en faire connaître les motifs aux juges ; de là la nécessité d'insérer dans la formule les mots *quod jussu*..... La ratification, de la part du maître, équivaudrait à l'ordre qu'il aurait antérieurement donné : *Ratificatio mandato æquiparatur, si ratum habuerit quis quod servus ejus gesserit,* quod jussu *actio datur* (L. 1, § 6, ff. *quod jussu*) ; l'action serait également *in solidum* et perpétuelle, *nam quodam modo cum eo contrahitur*,

qui jubet (L. 1, ff. *quod jussu*), *tanquam si princi-
paliter cum ipso negotium gestum esset* (*Inst.*, § ult.,
quod cum eo contr.). Dans ces hypothèses, le tiers
pourrait encore exercer l'action *ex condictione*, car
on suppose que l'esclave n'a été que l'organe de son
maître, et que le tiers n'a fait que suivre la foi de
celui-ci. Observons encore que tout ce droit prétorien
est une dérogation aux règles générales du droit civil,
suivant lequel le tiers qui contracte avec un manda-
taire n'a aucune action contre le mandant, le premier restant seul obligé vis-à-vis de lui.

L'ordre, au lieu d'être spécial et uniquement en
vue d'une opération isolée, peut devenir général :
l'intérêt du commerce avait fait admettre que l'ordre
pouvait être antérieur aux contrats passés par l'esclave. Si donc l'esclave est préposé à la conduite d'un
navire, *exercitor*, le tiers qui aura pu contracter
avec lui pour réparer le navire ou lui fournir les
agrès nécessaires peut agir contre le maître par l'action exercitoire, qui n'est, sous une autre forme, que
l'action *quod jussu*, et qui, comme elle, est *in solidum*
et perpétuelle. Bien plus, si l'esclave patron du
navire est obligé, par suite de maladie ou de quelque
accident, de se substituer quelqu'un dans le com-
mandement de ce navire, le substitué pourra lui aussi
obliger le maître, quoiqu'il n'ait point été agréé
par lui. Il a été évidemment impossible à l'esclave
chargé le premier de la conduite du bâtiment d'avertir son maître du changement qu'il était devenu indispensable d'opérer, et ce dernier est censé avoir, dès
l'origine, donné mandat tacite pour tout ce qui

serait nécessaire à la conservation du navire : *Magis-
trum accipimus non solum quem exercitor prœpo-
suit, sed et eum quem magister* (L. 1, § 5, ff. *de exercit. act.*).

Les Romains, suivant sur ce point les lois de
Lycurgue, qui défendaient aux hommes libres d'exercer une industrie quelconque, faisaient faire le commerce par leurs esclaves. En leur donnant la direction d'un magasin, ils avaient l'habitude d'apposer
dans l'intérieur de la boutique une sorte d'affiche,
pour faire savoir aux tiers que le maître savait que
son esclave se livrait à tel genre de commerce. L'esclave chargé de la direction d'une maison de commerce s'appelait *institor;* l'action créée en faveur
des tiers reçut le nom d'institoire : elle était, comme
l'action exercitoire et l'action *quod jussu, in solidum*
et perpétuelle, et n'offrait que cette seule différence,
c'est que l'esclave ne pouvait pas substituer quelqu'un à sa place sans avertir préalablement son
maître, chose du reste qui lui était assez facile (L. 1,
§ 20, ff. *de exercit. act.*).

L'esclave pouvait jouir parfois d'une certaine indépendance qui lui permettait de se livrer au commerce
pour son propre compte (L. 1, § 3, ff. *de tribut. act.*);
mais au lieu de réaliser des bénéfices, il n'essuie que
des pertes : on vendait alors les marchandises, et le
prix qui en provenait était distribué aux créanciers
au *prorata* de leurs créances, sans préférence aucune
ni privilége, pas même pour le maître de cet esclave,
s'il se trouvait être du nombre des créanciers (L. 1,
pr., ff. *de tribut. act.*). L'actif commercial ainsi réalisé,

chaque créancier n'avait droit qu'à un dividende proportionnel au montant de sa créance, et il avait à son secours l'action tributoire, s'il croyait que la répartition des deniers n'avait pas été régulièrement faite (L. 5, § 19, ff. *de tribut. act.*).

Les esclaves n'étant point mis au rang des personnes, et ne participant pas aux droits de la société, on était amené, par une déduction logique, à refuser à leur profit ou contre eux toute action en justice. Si le maître ne pouvait pas actionner son esclave, celui-ci ne pouvait pas citer son maître devant les juges. Quel droit mon esclave aurait-il donc contre moi puisque tout ce qu'il a m'appartient, et que, son droit étant le mien, ce droit de moi contre moi-même est un mot qui n'a aucun sens?

On peut comprendre, d'après cela, que les rapports entre le voleur et la personne qui a été victime du vol peuvent être tels, qu'il n'y aura pas action de vol. Le maître et l'esclave ne formant civilement qu'une seule personne, comment concevoir que le maître puisse se poursuivre lui-même devant un juge? Il se fera justice lui-même (LL. 16, 17, pr., ff. *de furtis*). Si cependant l'esclave n'était pas seul pour accomplir cette soustraction frauduleuse, s'il a des complices, ces derniers pourront être poursuivis personnellement, parce qu'ils forment une personne distincte de celle du père de famille. De même, si un tiers pousse, par ses sollicitations et ses mauvais conseils, un esclave à voler son maître pour lui apporter chez lui les objets soustraits, il peut être l'objet de deux poursuites criminelles: l'une en subornation d'esclave d'autrui, action qui entraînait condamnation de payer, à titre d'indemnité, deux fois la perte de la valeur subie, par suite de la dépréciation qu'avait éprouvée l'esclave qui avait succombé à ces conseils pernicieux; l'autre en complicité de vol, dont la conséquence était une condamnation au double ou au quadruple, suivant que le vol avait été manifeste ou non manifeste, c'est-à-dire selon que l'auteur avait été ou non surpris en flagrant délit. Mais si l'on suppose que l'esclave, au lieu de céder à ces instances coupables, dénonce, parce qu'il est honnête homme, le tiers à son maître, et que celui-ci consente à ce que l'esclave, après lui avoir soustrait différents objets, les porte chez ce tiers déloyal et malveillant, pour pouvoir plus tard le poursuivre comme complice de vol, devrait-on, dans ce cas encore, lui accorder l'action *furti*, et saurait-il exercer celle *servi corrupti* ? Cette question avait fait naître à Rome une controverse, et certains jurisconsultes hésitaient, en faisant remarquer que le maître avait consenti à être volé, et que, bien plus, il avait lui-même poussé au vol. Justinien (*nos calliditati obviam euntes*) adopte dans ses Institutes (§ 8, *de oblig. quæ ex delict. nasc.*) la solution la plus sévère en accordant à la fois les deux actions *furti* et *servi corrupti*. Il y a eu tentative, et cela doit suffire ; car lorsque l'exécution d'un délit n'a été suspendue et n'a pu produire ses effets que par suite de circoñstances indépendantes de la volonté de l'agent, la peine ne doit pas être différente de celle qui est appliquée pour le délit lui-même : le maître a bien consenti à être volé, mais il n'a pas entendu pardonner le vol commis à son préjudice (L. 20, C., *de furt. et serv. corrup.*).

Une autre application de ce que la personne de l'esclave se trouve absorbée civilement dans celle de son maître, c'est que, bien qu'en principe le maître ne soit pas injurié dans la personne de son esclave, car on n'injurie pas une chose, on admettait pourtant que lorsque l'injure était grave, *atrox,* le maître et l'esclave se trouvaient atteints à la fois. *Injuria* signifie, en latin, ce qui a été fait sans droit : outrage, injustice, toute atteinte brutale ou morale par des écrits, des coups ou des gestes : *Generaliter injuria dicitur quod non jure fit* (*Inst.*, pr. *de injur.*), *injuria ex eo dicta est, quod non jure fiat* (L. 1, pr., ff. *de injur. et fam. libell.*)

Si l'esclave appartient par indivis à plusieurs copropriétaires, chacun d'eux a été indivisiblement atteint par l'injure, et chacun d'eux pourra exercer l'action *de injuria* pour obtenir la totalité de l'estimation, qui devra être établie d'après sa position personnelle.

Il faut dire ici que la législation sur les injures a beaucoup varié chez les Romains. Dans le principe, elle était très-sévère, et les Douze Tables avaient édicté la peine du talion s'il y avait eu un membre rompu. La condamnation était de trois cents as lorsqu'il y avait fracture d'os, et de cent cinquante lorsqu'il s'agissait d'un esclave ; pour les autres injures, le taux de la condamnation était invariablement fixé à vingt-cinq as. Et comme, à la fin de la République,

vingt-cinq as n'étaient presque rien, on vit des citoyens se promener dans la ville de Rome et injurier,
en les frappant, ceux qui passaient dans la même
rue, puis, leur faire, immédiatement après, verser
vingt-cinq as entre les mains par un esclave qui les
suivait, et qui était spécialement chargé d'opérer ce
payement. Le préteur, qui le plus souvent introdui-
sait une règle nouvelle pour corriger le droit civil
lorsqu'il se trouvait en contradiction avec l'équité,
écrivit dans son édit que la peine serait désormais
laissée à l'arbitrage des juges, et que la condamnation ne consisterait plus que dans le payement d'une
somme d'argent. Lorsque l'injure était grave, celui
qui s'en était rendu coupable devait fournir caution
de se représentèr : c'était le *vadimonium*; mais le
juge, bien qu'il eût le pouvoir d'abaisser le chiffre de
la condamnation, ne faisait le plus souvent, à cause
de l'autorité qui s'attachait au nom du préteur, que
consacrer la décision qu'il avait provisoirement prononcée (Gaïus, *Inst.*, liv. III, § 224).

CHAPITRE IV.

L'ESCLAVE NE PEUT TESTER ; SON MAITRE EST SON
HÉRITIER LÉGITIME, ET IL HÉRITE A SA PLACE S'IL
LE TROUVE NOMMÉ DANS QUELQUE TESTAMENT.

Il nous reste à considérer l'esclave à un dernier
point de vue, et à rechercher les conséquences juridiques qui peuvent résulter de ce que l'esclave se
trouve être l'objet d'un legs, ou de ce qu'il est institué dans quelque testament.

Et d'abord, il paraît inutile de dire que l'esclave
ne peut point disposer par testament des biens qui
composent son pécule ; ils appartiennent en effet au
maître, qui, à sa mort, en reprend la jouissance *jure
dominii*. Une seule exception à cette règle avait été
tolérée en faveur des esclaves du peuple romain,
c'est-à-dire des esclaves dont l'État était propriétaire ;
et il ressort des écrits de Tite-Live (liv. XLIII, n° 16)
et d'Aulu-Gelle (*Nuits attiques*, XIII, 13) que ces esclaves publics, *servi populi romani*, étaient habi-
tuellement attachés au service des magistrats. La dérogation aux principes rigoureux du droit, introduite
en leur faveur, n'était point encore aussi large que
l'on pourrait le supposer, car, d'après le témoignage
d'Ulpien, il ne leur était permis de disposer par testament que de la moitié de leurs biens : *Servus pu-
blicus populi romani partis dimidiæ testamenti fa-
ciendi jus habet* (Ulp. *Regul.*, tit. xx, n° 16). Quant

aux esclaves des particuliers, aucune exception n'était possible, et l'on ne pouvait pas leur accorder la *testamenti factio* parce qu'ils n'étaient point propriétaires, et que cette faculté se serait trouvée en opposition trop directe avec le droit de propriété dont le maître était investi sur leurs personnes comme sur leurs biens.

L'esclave pouvant être l'objet d'un droit de propriété, rien ne s'oppose à ce qu'il soit légué par testament. Si donc le *de cujus* a légué l'esclave d'autrui, et que son maître vienne à l'affranchir, l'héritier n'ayant commis aucune faute, le légataire ne saurait raisonnablement prétendre que sa responsabilité est engagée : *Interitu rei certæ, debitor liberatur.* L'esclave devenu libre ne faisant plus partie des choses qui sont dans le commerce, le résultat de son affranchissement doit être exactement le même que s'il était mort *fataliter,* pour obéir à la destinée humaine : *Impossibilium nulla est obligatio* (L. 185, ff. *de regul. jur.*). Mais il en serait autrement si l'esclave objet de ce legs avait été tué par l'héritier lui-même; dès qu'il y a eu faute ou simple imprudence de sa part, il demeure responsable ; et, ne pouvant plus livrer l'esclave qui a été légué, il doit en payer l'estimation. Si c'est l'esclave de l'héritier qui a été légué, et que ce dernier l'affranchisse, il lui faudra payer au légataire le prix d'estimation, soit qu'il ait su, soit qu'il ait ignoré que l'esclave faisait l'objet d'un legs (L. 28, ff. *qui manum. lib. non fiunt.;* L. 91, § 2, ff. *ad sen. c. Trebell.;* Inst., § 16, *de legat.;* L. 112, § 1, ff. *de legat.,* 1°). Dans tous les cas où le

legs manquera d'être exécuté par la faute de l'héritier, ce dernier en demeurera responsable, et on lui
imposera les mêmes charges qu'à un vendeur, c'est-
à-dire qu'on appréciera les faits *in abstracto*, et qu'il
devra répondre des fautes les plus légères : tout
défaut de soin lui est imputable, et ce n'est pas assez
qu'il montre la même vigilance qu'il a l'habitude de
déployer pour ses propres affaires; il lui faut, de
plus, rivaliser de zèle avec l'idéal d'un bon père de
famille qui serait pris pour type : *Culpa est se immis-
cere rei ad se non pertinenti* (L. 36, ff. *de reg. jur.*).
Si toutefois l'héritier est insolvable, l'affranchissement pourrait être déclaré nul, s'il savait que le legs
avait été fait. Si c'est l'esclave de l'héritier qui a
détruit la chose léguée, le maître en est responsable,
sauf à lui à user de la faculté que lui accordent les
lois, d'abandonner l'esclave qui a causé le dommage,
lorsque le légataire exigera, par l'action noxale, la
réparation du préjudice qu'il éprouve (L. 48, ff. *de
legat.*, 1°).

Si on a légué des femmes esclaves avec leurs enfants, ces derniers doivent rester compris dans le
legs, alors même que leurs mères viendraient à
mourir. Le legs comprend ici plusieurs choses qui ont
été attribuées au légataire par une seule disposition,
et celles qui survivent doivent donc lui être restituées.
Il en serait de même si le testateur avait légué des
esclaves ordinaires, *ordinarii* ou chefs de service;
les *vicarii* qu'ils avaient sous leurs ordres feraient
également partie du legs, et ils continueraient à être
dus au légataire, alors même que les premiers vien-

draient à décéder. C'est qu'après tout, l'assimilation
entre l'esclave et une chose, vraie au fond en droit
romain, ne doit cependant pas être poussée trop loin.
Sans doute, lorsqu'un legs comprend une chose principale et une chose accessoire, la perte de la partie
principale entraîne en même temps la révocation de
la disposition testamentaire pour ce qui n'est qu'accessoire : c'est ainsi que, lorsqu'un esclave a été légué,
lui et son pécule, et qu'il devient libre, le legs du
pécule se trouve caduc (L. 1, ff. *de legat. pecul.*) ;
mais lorsqu'on suppose que des esclaves ont été lé-
gués avec leurs enfants, ou que des *ordinarii* ont
été compris dans une même disposition avec les
vicarii, on doit considérer qu'il existe autant de legs
que d'individus. On ne saurait concevoir qu'une personne soit l'accessoire d'une autre; la dignité humaine
s'y refuse, et l'esclave est un homme avant d'être un
esclave.

Si l'esclave a été légué à un étranger, *extraneus,*
et que le testament contienne, en outre, une disposition en sa faveur, le légataire de l'esclave n'en sera
propriétaire qu'au moment de l'adition d'hérédité,
bien que, dans la plupart des cas, la *cessio diei* ait lieu
au moment même de la mort du *de cujus.* L'époque
du *dies cedit* est reculée dans cette hypothèse, et
renvoyée au moment où l'héritier accepte la succession, pour que le légataire puisse recueillir et l'esclave et le legs qui a été fait à cet esclave : telle doit
être en effet la volonté du testateur (L. un., § 6, C.,
de caduc. tollend.).

Enfin, si la liberté a été léguée à un esclave, le *dies*

cedit n'aura encore lieu qu'au moment de l'adition d'hérédité. Si un legs a été fait à ce même esclave, à qui déjà la liberté a été léguée, *sequens legatum*, le legs est bien pur et simple, toutefois le *dies cedit* n'arrivera qu'au moment de l'adition; car, l'esclave n'étant libre qu'à cette époque, le *sequens legatum*, s'il en était autrement, retournerait à l'hérédité, dont il augmenterait la masse des biens. Cette solution fut admise, car décider autrement ce serait rendre la *cessio diei* préjudiciable au légataire lui-même (L. 7, § 6; L. 8, ff. *quand. dies legat. ced.*).

Les Romains connaissaient trois classes d'héritiers : l'héritier externe ou volontaire, l'héritier sien et nécessaire, puis l'héritier nécessaire. L'héritier nécessaire, *heres necessarius*, était l'esclave que le maître a institué en lui donnant la liberté. Comme conséquence de cette qualité, l'esclave est héritier malgré lui, bon gré mal gré, qu'il le veuille ou qu'il ne le veuille pas. On ne lui reconnaît pas le droit de délibérer sur le point de savoir s'il lui convient de renoncer, ou d'accepter au contraire la succession de son maître qui lui est dévolue, et ce n'est pas à lui à juger si l'actif est ou non supérieur au passif : il lui faut accepter, ou du moins on le considère comme ayant fait acte d'acceptation, alors même qu'il est notoirement constant que les dettes héréditaires dépassent de beaucoup la valeur des biens laissés par le défunt : *Proprius servus, cum libertate heres institutus, si quidem in ea causa permanet, ex testamento liber fit et heres, id est necessarius; quod si ab ipso testatore vivente manumissus vel alienatus sit, suo arbitrio vel jussu emptoris here-*

ditatem adire potest (Ulp. *Reg.*, tit. XXII, n°s 11, 12). Nous avons bien vu qu'il était prohibé par les lois d'affranchir ses esclaves en fraude des droits des créanciers (L. 25, ff. *qui et quib. manum. lib. non fiunt*), mais la faveur attachée aux testaments était telle qu'on admit, même dans le cas d'insolvabilité complète, que le maître pourrait affranchir un seul de ses esclaves pour l'instituer héritier : c'était presque un déshonneur, à Rome, de mourir sans avoir préalablement inséré dans un testament ses dernières volontés, et de décéder sans un héritier de son choix.

Le plus souvent, il faut le reconnaître, le maître n'instituait son esclave héritier que lorsqu'il avait de justes motifs pour craindre que personne ne voulût consentir à accepter sa succession ; dans ce cas, il nommait l'esclave en qualité de substitué vulgaire, *novissimo loco, in subsidium* (*Inst.*, pr., *de vulg. subst.*) ; et encore, dans cette dernière hypothèse où le défunt se trouvait insolvable, quel que soit le rang occupé par l'esclave dans la chaîne des substitutions, on le considérait comme occupant toujours le dernier rang, *si nemo alius ex eo testamento heres esse potest.* Les biens de la succession étaient vendus sous le nom de l'héritier et non pas sous celui du *de cujus;* par ce moyen, l'ignominie qui s'attache à la *venditio bonorum* ne frappait que l'héritier, sans atteindre la mémoire du défunt. Quelques jurisconsultes émettaient cependant l'avis que l'esclave ne devait pas encourir cette ignominie, *quia non suo vitio, sed necessitate juris bonorum venditionem pateretur;* mais la pratique était contraire à cette idée.

Aussi Gaïus a-t-il pu dire à ce sujet : *Sed alio jure utimur, id est ut ignominia hunc potius heredem quam ipsum testatorem contingat* (G., *Inst.*, liv. II, n° 154.). Toutefois, pour essayer d'atténuer les conséquences rigoureuses de cette sévérité juridique avec laquelle l'esclave, héritier nécessaire, était traité dans l'ancien droit civil, le préteur introduisit en sa faveur le bénéfice de la séparation des patrimoines, c'est-à-dire que les biens qu'il avait pu acquérir depuis la mort du *de cujus* lui étaient conservés, comme ne répondant pas des dettes héréditaires.

Pour apporter quelque clarté dans l'exposé des hypothèses diverses qui peuvent se présenter, il nous faut les examiner isolément, suivant que le testateur a sur la personne de l'esclave un droit de pleine propriété ou, au contraire, un droit de copropriété indivise, ou lorsqu'il a institué l'esclave d'autrui, ou bien un esclave croyant nommer une personne libre, ou encore un esclave dont un autre avait l'usufruit.

Si le testateur a sur l'esclave un droit de pleine propriété, il lui fallait, d'après l'ancienne législation, affranchir son esclave en lui donnant la liberté dans son testament, l'institution à elle seule ne pouvant entraîner, *ipso jure*, l'affranchissement. Plus tard, on rejeta toutes ces subtilités du droit strict, et l'on décida que l'institution d'un esclave dans un testament devait avoir pour conséquence accessoire de l'affranchir ; qui veut la fin veut les moyens : *Hodie, etiam sine libertate ex nostra constitutione heredes servos instituere permissum est, quod æquius est.*

(*Inst.*, tit. xiv, pr. *de hered. inst.*); *tamen hereditate servis relicta, quasi adjunctam esse libertatem videri possit* (L. 5, C., § 1, *de necess. hered.*).

Si le testateur institue un esclave dont il n'a que la nu-propriété, il ne peut le rendre libre tant que l'usufruit n'est point éteint. Aussi, dans l'ancien droit, l'institution était-elle déclarée nulle, à moins qu'elle n'ait été faite sous condition. Justinien apporte à cet état de la législation quelques modifications jugées plus conformes à la volonté du défunt : il permet au nu-propriétaire d'instituer l'esclave et d'en faire son héritier nécessaire, tout en décidant que le droit de l'usufruitier doit rester entier, *salvo jure fructuarii* (*Inst.*, pr. *de hered. inst.*); *tamen libertus, quasi servus apud usufructuarium permanet, donec usufructuarius vivit vel ususfructus legitimo modo peremptus est* (L. 1, pr. C., *comm. de manum.*).

Lorsque l'esclave nommé héritier n'appartenait au testateur que pour une partie indivise, l'institution avait-elle eu lieu *cum libertate*, l'esclave devenait libre et héritier nécessaire ; avait-elle été faite au contraire *sine libertate*, il pouvait se faire que le *de cujus* n'ait point eu la volonté d'accorder la liberté à cet esclave ; cependant, dans le doute, on devrait le considérer comme héritier nécessaire : *In obscura voluntate manumittentis favendum est libertati* (L. 179, ff. *de regul. jur.*) ; aussi ce serait à l'autre copropriétaire à démontrer que telle n'était point l'intention du défunt.

Le testateur a institué l'esclave d'autrui, un *servus*

alienus : l'institution est valable sans doute, parce qu'elle a été faite *ex persona domini et capacitate ;* il fallait donc avoir la *factio testamenti* avec le maître, c'est-à-dire pouvoir le nommer lui-même héritier, pour instituer valablement son esclave. Celui-ci fera adition, sur l'ordre de son maître, s'il est encore, à l'époque de l'ouverture de la succession, de condition esclave ; car s'il avait été antérieurement affranchi, il ne serait plus qu'un héritier externe et volontaire, possédant la faculté d'accepter pour lui-même toute l'hérédité, ou, au contraire, de la répudier s'il craint qu'elle ne soit mauvaise.

Il peut se présenter encore un cas assez singulier par rapport à la solution qui avait été donnée en droit romain. On suppose que le testateur a nommé comme son héritier un esclave, croyant instituer un homme de condition libre, puis qu'il a ajouté, expressions qui font bien comprendre qu'il n'avait point eu l'intention d'instituer un esclave, que, dans le cas où celui-ci n'accepterait pas sa succession, ses biens seraient recueillis par telle autre personne. L'esclave Parthenius se trouve l'institué, et Mævius n'apparaît qu'en qualité de substitué vulgaire. Parthenius, esclave de Tibère, accepte la succession sur l'ordre de son maître, mais Mævius vient élever des contestations en soutenant que c'est lui seul qui doit recueillir toute l'hérédité, parce que le testateur a clairement manifesté son intention de gratifier un homme de condition libre : il doit avoir droit à tous les biens laissés par le défunt, puisque, institué conditionnellement, la condition se trouve, en fait, accomplie. Cette question embarrassa le préteur, qui crut, dans cette circonstance, qu'il était de son devoir d'en référer à l'empereur. Un décret de Tibère, qui dans cette cause se trouvait tout à la fois juge et partie, intervint qui, reconnaissant que dans les testaments les conditions doivent plutôt s'interpréter en fait que d'après toutes les règles rigoureuses du droit, et considérant que la condition est en fait accomplie, mais que, d'un autre côté, rien ne peut s'opposer à ce que l'esclave institué héritier n'acquière à son maître, ordonne que la succession sera partagée par portions égales entre l'institué et le substitué (L. 40, ff. *de hered. inst.*).

Une dernière hypothèse est encore à considérer : un particulier a affranchi ses esclaves dans son testament ; mais pour que la liberté leur soit acquise, il faut que ce testament soit confirmé, c'est-à-dire que l'héritier institué fasse adition, car autrement il serait *destilutum*, et la disposition ne produirait aucun effet, *quia quod nullum est, nullum producit effectum*. Si la succession paraît mauvaise, il est à craindre que l'héritier ne veuille pas l'accepter : *Si nemo subit hereditatem, omnis vis testamenti solvitur* (L. 181, ff. *de reg. jur.*), et lors même qu'il l'accepterait, les créanciers du *de cujus* pourraient exercer l'action paulienne, à l'effet de faire tomber les affranchissements ainsi faits en fraude de leurs droits, comme diminuant le gage sur lequel ils ont pu légitimement compter. Il peut cependant arriver qu'un esclave, un de ceux qui ont été affranchis par le défunt, et dont la liberté dépend, par conséquent, de la confirmation

du testament, plus riche , plus habile ou plus indus-
trieux que son maître , vienne prendre l'engagement
devant le préteur de payer l'intégralité des dettes héréditaires, ou seulement le dividende dont les créanciers déclareront se contenter : *Si idonee creditoribus
cautum fuerit de solido quod cuique debetur* (LL. 15,
16, C., *de testament. manum.*). L'esclave demande
donc à prendre la place de l'héritier institué : un rescrit
de l'empereur Marc-Aurèle , rapporté dans les Institutes de Justinien (pr. *de eo cui libert. caus. bon.
addict.*), permet au préteur d'avoir égard à cette demande (LL. 2 et 4, § 8, ff. *de fideic. libert.*). On peut
dire également que si ce rescrit se justifie *causa libertatis*, les créanciers eux-mêmes du défunt peuvent espérer obtenir un dividende plus élevé que si
les biens du défunt avaient été saisis de suite , pour
être immédiatement vendus aux enchères. Cette décision de Marc-Aurèle , intervenue à propos de la
succession d'un certain Virginius Valens , dont son
esclave, Popilius Rufus , demandait au préteur de
pouvoir recueillir les biens, pour conserver la liberté
qui lui avait été léguée, à la charge d'acquitter toutes
les dettes héréditaires, fut étendue par Justinien à
tous les autres cas qui pouvaient présenter quelques
analogies avec celui-ci. Qu'on suppose que la liberté,
au lieu d'avoir été donnée aux esclaves par testament, leur ait été accordée *inter vivos aut mortis
causa*, si quelqu'un se présente pour demander que
les biens lui soient attribués , tout en garantissant
leur payement intégral aux créanciers qui allaient
invoquer la disposition de la loi Ælia-Sentia , et pré-

tendre que ces manumissions sont nulles comme ayant été faites en fraude de leurs droits, on doit l'écouter et accueillir sa demande, quand bien même l'on ne se trouve plus exactement dans les termes de la constitution (*Inst.*, § 6, *de eo cui libert. caus. bon. addict.*). Le bénéfice de ce rescrit fut même étendu de très-bonne heure, et sa disposition put être invoquée même par un *extraneus; Quod in extranei quoque personam observari oportet* (L. 6, C., *de testament. manum.*).

DROIT FRANÇAIS.

DE LA MITOYENNETÉ.

Æque pauperibus prodest, locupletibus æque.
(HORACE.)

CHAPITRE PREMIER.

DÉFINITION DE LA MITOYENNETÉ ; SON UTILITÉ, SES CA-
RACTÈRES DISTINCTIFS, ET DES DIFFÉRENCES QU'ELLE
PRÉSENTE AVEC LA COPROPRIÉTÉ ET L'INDIVISION.

La mitoyenneté peut se définir : la copropriété
d'une clôture située sur les confins de deux héritages
contigus ; on appelle, en effet, mitoyenne la chose
qui appartient indivisément à plusieurs copropriétaires, en sorte que chacune des parcelles, chacun
des atomes qui constituent cette chose dans toute
sa largeur, sa hauteur et son étendue, se trouve
être la propriété commune de tous.

Il n'est guère possible de pouvoir mettre en doute
les avantages d'une clôture mitoyenne : le voisinage,
je le sais, qui devrait être une source journalière de
rapports bienveillants, de jouissances amicales, et

l'élément habituel d'un commerce de bons offices réci-
proques, n'est que trop souvent un sujet toujours
présent de querelles ou de débats. « La loi, comme le
disait le tribun Albisson dans son rapport à la séance
du 7 pluviôse an XII, doit les prévenir ou les termi-
ner par des barrières qu'elle impose aux entreprises
et à la curiosité indiscrète ou maligne d'un voisin
incommode ou dangereux. » Cette clôture mitoyenne,
outre qu'elle permet d'utiliser, au profit de l'agricul-
ture, des portions considérables de terrains qui, sans
elle, resteraient incultes et improductifs, arrête et
étouffe, dès leur origine, les contestations qui pourraient s'élever, entre les deux voisins, sur le point de
savoir où se trouve exactement la ligne séparative de
leurs héritages. Dans son langage muet, elle affirme,
plus éloquemment et d'une manière plus sensible et
plus palpable que ne saurait le faire l'acte authentique et enregistré le mieux en règle, jusqu'où va la
propriété de l'un des voisins, et le point exact où
commence celle de l'autre ; elle dit constamment aux
propriétaires : ceci t'appartient, mais, plus loin, ceci
ne t'appartient plus.

Est-il besoin de démontrer aussi l'utilité d'une clôture mitoyenne dans ces lieux, où la population est
plus nombreuse, et où elle vit agglomérée ? On aime
à être chez soi, on n'ose point braver l'œil de l'envie
et de la malveillance ; et je n'hésite point à avancer
que, de nos jours, on taxerait sans pitié de folie celui
qui ferait la même demande que celle qu'un certain
Drusus adressa, dit-on, à son architecte. Il voulait
posséder une maison disposée de façon que ses voi-

sins pussent apercevoir tout ce qui s'y passerait : *Tu vero, inquit, si quid in te artis est, ita compone domum meam, ut quidquid agam ab omnibus perspici possit.* Faut-il encore faire comprendre qu'un seul mur offre tout autant de garantie, et protége avec la même efficacité les propriétés contre les empiétements ou le vol, que s'il existait deux murs adossés l'un à l'autre? Un seul mur suffit ; pourquoi en bâtirait-on deux? Pourquoi exiger, sans aucun profit pour personne, l'immobilisation d'un capital qui, dès lors, serait perdu et retiré de la circulation du commerce? La richesse publique serait la première atteinte.

Et pourtant il semble, au premier abord, que ce qui vient d'être dit soit en désaccord et en contradiction flagrante avec la nature même de l'homme. L'homme a été, en effet, créé sociable ; sans le concours de ses semblables, l'individu n'est rien, il ne peut rien, ni physiquement ni moralement : la solitude pour lui, c'est la mort. Et cependant, on le voit s'isoler, entourer son patrimoine d'un mur plus ou moins élevé pour éviter, ce semble, non pas seulement des relations habituelles et journalières avec ses semblables, mais encore les regards qu'un voisin pourrait porter sur lui : l'homme paraît craindre la présence d'un autre homme, même à distance. Cette tendance à se concentrer en lui-même, à vivre seul, semblerait appuyer le système de ces philosophes, qui ont soutenu que, si l'homme vit aujourd'hui en société, ce n'est là que le résultat d'une convention, et que, sa nature comme ses besoins le poussant con-

tinuellement à se séparer de ses semblables, il oublie
bien vite le pacte qu'il a signé, pour recouvrer sa liberté et vivre selon les règles et les lois qui lui auraient été tracées.

La même constitution, qui appelle l'homme à la
société, pourrait-elle en même temps l'en éloigner ?
L'homme, que tant d'inclinations forcent à vivre en
société, éprouverait-il en même temps une répulsion
contraire qui l'en écarterait ! Ses sentiments et ses
besoins l'attirent vers les autres hommes ; ses sentiments et ses besoins pourraient-ils les lui faire
craindre, et, tandis que l'espèce demeurerait toujours
unie par des communications actives établies d'un
pôle à l'autre, les individus pourraient-ils se garder
de tous ceux qui les environnent ! Chaque chef isole
sa famille, chose facile dans les commencements de
toute société naissante, par suite du peu de valeur
que possèdent encore les terrains, ce qui permet de
laisser un grand espace entre les différentes habitations ; et lorsque l'augmentation, toujours croissante
du nombre de la population sur un point déterminé,
forcerait les hommes à se rapprocher, ce ne serait
donc que contraints par la nécessité qu'ils se réuniraient, en prenant soin toutefois d'entourer le morceau de terre, qu'ils possèdent à titre de propriétaires,
pour se créer ainsi une sorte d'isolement relatif !

Pour nous, loin de voir un antagonisme entre ces
deux idées : sociabilité de l'homme et nécessité pour
lui de clore son héritage, nous n'y voyons, au contraire, qu'un argument de plus pour soutenir que,
véritablement, d'après les lois qui lui ont été dictées

par le Créateur, l'homme est obligé d'être en contact continuel avec ses semblables, et que c'est précisément en raison de ce besoin impérieux qu'est née pour lui cette autre nécessité qui lui est imposée par une sage prévoyance.

Les poètes ont pu chanter l'âge heureux où les biens n'étaient pas limités :

> *Nec signare quidem, aut partiri limine campum*
> *Fas erat. ...*
>
> (VIRGILE, Géorgiques.)

et J.-J. Rousseau a pu lui aussi, par une déduction logique des idées qu'il avait précédemment émises, marquer l'époque de la dégradation de l'espèce humaine au moment où quelqu'un s'avisa de clore son champ. Mais laissons là ces rêveries et ces fictions, car on peut assurer avec beaucoup de vérité, sans craindre de contradictions, que la division de la propriété est une partie essentielle de l'ordre social, et que sa circonscription est le seul moyen qui puisse procurer la paix, la tranquillité et la sûreté : *pacis præses et amicitiæ custos.* Que l'on supprime par la pensée les murs mitoyens, et l'on verra que les héritages perdront aussitôt une partie notable de leur valeur, par suite des avantages de sûreté et d'agrément qui viendraient à leur faire défaut. Et lorsque, plus tard, nous reconnaîtrons à la mitoyenneté ce caractère distinctif de créer une indivision forcée et permanente, il nous sera facile d'en expliquer les motifs en faisant observer qu'elle repose sur l'ordre public et l'intérêt général.

Nous ne voulons point toutefois méconnaître, et nous ne serions point, du reste, fondés à le faire, que de nombreux et importants progrès ne se soient accomplis dans l'ordre de notre organisation sociale; mais on peut aussi avancer, sans avoir peur d'être taxé d'exagération, que la violence et la convoitise ne s'éteindront qu'avec la race humaine, et qu'il existera, à toutes les époques, des hommes qui attendent avec impatience le moment favorable pour s'emparer du patrimoine d'autrui, en proclamant peut-être des principes de fraternité ou de solidarité exagérés, et qui, une fois en possession de l'objet de leur convoitise, fruit de leur larcin, sont les premiers à dénier les principes à la faveur desquels ils ont pu agir, et à méconnaître chez les autres le droit, qu'ils ne craignent plus de faire respecter chez eux par les procédés les plus criminels comme les plus inhumains. Toujours il existera des hommes qui, ne méritant plus cette noble qualification, seront portés à transgresser, non pas les clauses du contrat social, mais les lois naturelles et éternelles qui, gravées au plus profond du cœur humain, peuvent se résumer ainsi : respect de la propriété et des biens, respect de la personne. Et c'est parce que l'homme est obligé, par sa nature même, à vivre en société qu'il est en même temps contraint, malgré sa volonté, de se défendre contre les entreprises dont il peut être l'objet : voilà la véritable source des règles qui régissent les principes applicables à la mitoyenneté ; elles tâchent de concilier les avantages de la société avec les inconvénients qu'elle peut entraîner.

Nous avons défini la mitoyenneté : la copropriété
indivise de deux voisins sur le mur, la haie ou le fossé
qui séparent leurs héritages. Les auteurs ne sont
point d'accord sur l'étymologie de cette expression :
les uns, comme Guy-Coquille, dont son commentaire sur l'art. 214 de la Coutume du Nivernais, et
Basnage, sur l'art. 611 de celle de Normandie, considèrent que ce n'est là que la réunion et la juxtaposi-
tion des deux mots *moi* et *toi*, qui expriment bien une
idée de copropriété et de communauté. Ils s'appuient,
pour soutenir leur opinion, sur ce fait que, dans l'ancienne langue française, on disait *métoyen* et même
moitoyen, pour désigner cette copropriété de deux
voisins sur la clôture qui servait de séparation à leurs
héritages. Or les propriétaires, d'après la définition
même que nous avons donnée, au lieu d'avoir sur le
mur, la haie ou le fossé qui les sépare, un droit de
propriété exclusif et individuel, n'ont, au contraire,
qu'un droit de communauté, c'est-à-dire que le droit
de l'un des voisins se trouve confondu avec celui de
l'autre. Suivant d'autres commentateurs, qui adoptent
sur ce point la manière de voir de Ferrières (article 188 de la Cout. de Paris), la racine du mot
mitoyenneté doit être cherchée ailleurs : ce n'est que
la reproduction des expressions *milieu, moitié,
mitan,* et ce dernier substantif, que l'on entend prononcer encore même de nos jours, semble mieux
cadrer avec l'idée que l'on attache à la mitoyenneté.
Nous n'hésitons point, quant à nous, à adopter cette
dernière étymologie ; et il nous suffira d'une seule
observation, pour montrer que ce choix, de notre

part, n'est ni l'effet d'un caprice ni une affaire de
goût, mais bien la conséquence et la déduction nécessaire d'un raisonnement logique. Si le mot mitoyenneté signifiait simplement une copropriété indivise,
pourquoi ne l'emploierait-on pas pour désigner toute
chose qui se trouverait être l'objet d'une communauté ou d'une indivision? Pourquoi ne dirait-on pas,
par exemple, un champ mitoyen ou une maison mitoyenne, lorsque ce champ ou cette maison serait
échu, par l'effet d'une succession, à deux ou plusieurs
personnes qui n'auraient pas encore procédé au partage ? C'est que dans la mitoyenneté se trouve une
idée complexe : sans doute, nous lui reconnaissons
un premier caractère de communauté et de copropriété, mais, de plus, on ne saurait lui refuser et lui
méconnaître cet autre caractère, d'être un objet intermédiaire servant de séparation à deux fonds contigus. Et c'est cette dernière circonstance, à savoir
que la mitoyenneté est la copropriété de deux voisins sur le mur, la haie ou le fossé qui les sépare, qui
fait que les règles générales, applicables à la copropriété indivise ordinaire, ne peuvent s'adapter à la
nature de la mitoyenneté, ni quant à la manière de
la prouver, ni quant aux effets qu'elle est appelée à
produire, ni même quant à la durée qu'elle doit
avoir.

Il existe, en effet, de notables différences, qu'il importe d'examiner dès à présent, entre la communauté
ordinaire et la mitoyenneté.

Une première différence résulte de la faculté, accordée par la loi à l'un des propriétaires, de pouvoir

forcer l'autre voisin à lui céder, à lui vendre la copropriété du mur qui les sépare. On pourrait, peut-
être, voir là une exception à la règle contenue dans
l'art. 545 du Code civil, aux termes duquel nul ne
peut être contraint de céder son droit de propriété,
si ce n'est pour cause d'utilité publique et moyennant
une juste et préalable indemnité ; mais si l'on considère que la mitoyenneté se rattache à des principes d'ordre public, et que, l'état de société entraînant une dépendance mutuelle et une même réciprocité de services entre les personnes, allant
même jusqu'à enchaîner les choses destinées à leur
usage, il n'est pas de liberté tellement illimitée qui
ne se trouve quelquefois modifiée par la puissance
d'autrui. Et s'il est vrai que, dans cette circonstance,
l'inviolabilité de la propriété, base constitutive et
essentielle de toute société, a dû fléchir et s'incliner,
ce n'est que pour partie seulement ; car, lorsqu'un
voisin est forcé de céder la mitoyenneté de son mur,
ce n'est que par suite d'un principe où viennent se
confondre et l'intérêt privé et l'intérêt général. La
propriété n'est point ici sacrifiée à un pur intérêt privé,
et nous ne saurions admettre que deux voisins puissent, par exemple, convenir qu'il n'existera jamais de
mur séparatif entre leurs héritages. Le Code, en
donnant à la mitoyenneté le caractère de servitude
légale, a fait comprendre par là qu'il n'est point permis de déroger aux règles établies à ce sujet, faculté
qu'il accorde, au contraire, lorsque la servitude n'af-
fecte qu'un intérêt particulier, auquel cas ceux pour
qui elle a été établie peuvent renoncer au bénéfice

qui a été introduit en leur faveur. La disposition de
l'art. 663 du Code civil, qui impose la clôture forcée
suivant certaines distinctions, a un caractère d'utilité
générale, et les art. 6, 686, 1131 du même Code dé-
fendent aux particuliers de déroger, par leurs conventions, aux lois qui intéressent l'ordre public : *Jus
publicum, privatorum pactis, neque lœdi neque mu-
tari potest.*

Un autre caractère propre à la mitoyenneté, et qui
n'est que la conséquence du premier, c'est que les
copropriétaires ne peuvent pas faire cesser l'indivision, même par un consentement mutuel. Indivision
par la mitoyenneté ou division sans mitoyenneté, un
seul devenant dès lors propriétaire exclusif de ce qui
appartenait auparavant à deux, telle est la déduction
nécessaire de ce droit particulier et spécial : la licita-
tion n'est ni tolérée ni permise. C'est là une exception aux principes et aux règles générales de notre
législation moderne : l'indivision, appliquée à toute
autre chose qu'aux clôtures, à un champ par exemple, est contraire à l'intérêt même des communistes.
Il est clair qu'on cultivera moins bien, si le produit,
au lieu d'appartenir privativement à celui qui a dé-
boursé ou fait l'avance des frais d'entretien ou d'en-
semencement, doit être partagé entre plusieurs ; on
s'attache à sa propre chose, et non pas à la chose qui
est à soi et à un autre. Ce concours de droits rivaux
qui se rencontrent, se réunissent et se confondent,
peut donner lieu à des difficultés nombreuses, à des
procès fréquents, lorsque les communistes, loin d'apporter cet esprit de conciliation qui doit se trouver

chez ceux que rapproche un intérêt commun, ne sont,
au contraire, animés que d'un esprit de lucre, et
cherchent à retirer de la chose commune le plus
grand profit possible, fermement décidés à ne faire
aucune concession de leurs droits. Enfin l'indivision
peut faire naître des conflits d'intérêts, toujours déli-
cats et difficiles à régler : l'un a perçu les fruits, si
l'on veut, l'autre en a avancé les frais ; celui-ci a amé-
lioré la chose commune, cet autre l'a détériorée. La
loi tolère pourtant l'indivision, mais elle ne l'impose
pas ; elle permet qu'elle soit conventionnelle, et encore ne peut-elle être stipulée pour une période
de plus de cinq années. C'est qu'elle présume alors
que l'esprit de concorde et de bienveillance mutuelle
règne entre les coassociés ; mais elle ajoute, comme
juste tempérament (art. 815, C. civ.), que nul ne
peut être contraint de rester en cet état, et alors
même que tous les communistes, moins un seul, seraient d'accord pour rester dans l'indivision, celui
qui veut en sortir peut la faire cesser en exigeant
qu'il soit procédé au partage. Un auteur, M. Demolombe, a très-bien fait sentir pourquoi cette règle de
notre droit commun ne pouvait pas s'appliquer à la
mitoyenneté : « Partager, dit-il, serait détruire, et la
chose ne peut rendre les services qu'elle est appelée
à rendre qu'autant qu'elle demeurera indivise. » La
mitoyenneté, vu son intérêt général, doit être permanente, et celui des deux voisins auquel pèse trop cette
indivision n'a qu'un seul moyen d'en sortir : c'est,
aux termes de l'art. 656 du Code civil, d'abandonner
le droit indivis qu'il a dans la chose commune.

6

Il faut encore distinguer un autre caractère, propre à mitoyenneté, qui est relatif à ses effets. Lorsqu'une chose appartient par indivis à plusieurs, celui qui veut y faire quelque innovation doit, au préalable, obtenir le consentement de ses communistes, et ceux-ci peuvent alors lui opposer un *veto* absolu, en ce sens qu'il ne leur est nullement besoin d'indiquer les motifs de leur refus, alors même que l'innovation projetée paraîtrait devoir être utile à tous les copropriétaires. C'est la traduction de cette règle de droit : *In re communi, melior est causa prohibentis.* Nous verrons, au contraire, que, lorsqu'il s'agit de murs mitoyens, l'un des voisins peut, dans certaines circonstances, retirer de ce mur tous les avantages qu'il en retirerait s'il était seul propriétaire, et que, de plus, la loi l'autorise à faire certains travaux, certaines modifications, que nous examinerons plus tard avec détails, lorsqu'ils peuvent lui être de quelque utilité, et cela malgré l'opposition formelle ou le mauvais vouloir de l'autre voisin.

Enfin une dernière remarque, c'est que la mitoyenneté peut se prouver parfois à l'aide de certaines présomptions légales, dont les art. 653, 666 et 670 du Code civil contiennent l'énumération ; nous en ferons bientôt le commentaire, mais on peut dire ici que c'est là un système de preuves adapté tout spécialement à la mitoyenneté.

Pour étudier avec ordre les questions nombreuses auxquelles peuvent donner lieu les articles de nos Codes qui traitent de la mitoyenneté, nous examinerons successivement quelles sont les présomptions

légales de mitoyenneté et de non-mitoyenneté des
murs, des haies et des fossés ; et, sur ce dernier
mot, nous rechercherons quel est le véritable régime
auquel sont soumis les cours d'eau qui ne sont ni
navigables ni flottables ; puis, après avoir traité de la
cession du droit de mitoyenneté, nous exposerons
quels sont les droits qu'elle confère et les charges
qu'elle impose.

Toutefois, la connaissance des règles juridiques
admises par notre ancien droit sur la mitoyenneté
étant indispensable pour aider à la solution de plusieurs controverses, nous allons, dès à présent, en
entreprendre l'exposé rapide.

CHAPITRE II.

HISTORIQUE; DE LA MITOYENNETÉ DANS NOTRE ANCIEN DROIT.

Nos législateurs modernes n'ont pas pu suivre les règles du droit romain sur cette matière, car, comme nous allons le démontrer, la mitoyenneté à Rome, lorsque toutefois elle existait, n'était pas, comme chez nous, une conséquence légale de l'état de voisinage et de contiguïté des héritages ; elle n'était que conventionnelle, et ce caractère s'est même perpétué dans quelques-unes des Coutumes qui régissaient notre vieux sol gaulois, où il fallait pour la créer le concours des volontés des deux propriétaires : c'était une vente amiable.

S'il faut en croire Tacite, dans son commentaire sur les mœurs et les coutumes des Germains (*De moribus Germanorum*, ch. XVII), les maisons, même celles situées dans les bourgs et autres lieux où la population vit agglomérée, devaient être séparées par un espace assez large qui dépendait de la maison.

Suivant les lois d'Athènes, s'agissait-il de creuser un fossé, on devait laisser entre ce fossé et l'héritage voisin un espace égal à la profondeur qu'il devait avoir. Était-ce un mur que l'on voulait élever, on devait laisser un pied de distance ; une maison, deux pieds ; enfin, si la construction était établie au milieu des champs, la distance à observer était le jet d'une flèche. On voit que, d'après ces dispositions, la mitoyenneté à Athènes devait être extrêmement rare, et qu'elle ne pouvait résulter que de conventions particulières librement débattues entre les intéressés, lorsque, par exemple, deux propriétaires s'entendaient entre eux pour bâtir leurs maisons l'une à côté de l'autre, de sorte qu'à l'extérieur le bâtiment ne paraissait être qu'une seule construction Et encore, il n'existait point, en pareil cas, de règles particulières pour déterminer les droits de l'un et de l'autre voisin ; on suivait les principes généraux applicables à la communauté, en les combinant toutefois avec les pactes qui pouvaient être intervenus au sujet de ce mur mitoyen.

A Rome, il paraît à peu près certain, soit que les législateurs aient emprunté les dispositions qu'ils édictaient à cet égard à la législation en vigueur à Athènes, soit au contraire qu'ils les aient puisées dans les coutumes et les usages du peuple romain, il paraît certain, dis-je, que la mitoyenneté n'était que conventionnelle. Dans les premiers siècles, en effet, de l'existence de la société romaine, un acte législatif important apparaît pour réglementer les rapports du voisinage. La loi soixante-sixième des Douze Tables exigeait un espace de deux pieds et demi entre chaque maison. Cet espace, que l'on appelait *ambitus*, c'est-à-dire circuit, circonférence, appartenait, *jure dominii*, au propriétaire de la maison. Festus, à la page 250 de son Commentaire, nous explique la portée de ce mot en en développant le sens : *Ambitus proprie dicitur inter vicinorum œdificia locus, duo*

*pedum et semi-pedes, ad circumeundi facultatem, re-
lictus.* De là encore le nom d'*insulœ*, îles, que l'on
donnait aux maisons ainsi séparées les unes des
autres par des ruelles ou sentiers. Sous Constantin,
lorsqu'il s'agissait d'édifices publics, il devait y avoir
tout autour un espace libre de cent pieds (L. 4, C.
Th., *de oper. publ.*). Arcadius et Honorius allèrent
même plus loin encore, à un certain point de vue ;
car, tout en réduisant la distance qui devait exister
entre un édifice public et une maison particulière à
quinze pieds, ils ordonnent la démolition de toutes
les constructions qui pouvaient se trouver établies
dans cet intervalle (L. 42, *eod. titul.*).

Cet usage de laisser autour des bâtiments un certain espace vide passa dans nos pays de droit écrit,
et même dans quelques-uns de nos pays de coutume,
sous un autre nom, celui d'*investizon* ou *invétizon*,
mieux connu encore sous celui de *tour d'échelle* ou
échelage. Le tour d'échelle constituait tantôt un véritable droit de propriété, en faisant considérer le terrain qui y était soumis comme un accessoire de la
maison; tantôt encore, c'était un droit de servitude
d'utilité publique, qui permettait au voisin d'appliquer une échelle le long de son mur, à l'effet d'y faire
les réparations nécessaires dans la partie qui donnaít
du côté de l'autre voisin (Bobé, art. 75, Coutume de
Meaux). Le silence volontaire du Code, au sujet de
cette servitude légale, nous autorise à penser que ce
droit doit être, de nos jours, considéré comme aboli,
et que s'il existe encore en faveur de quelques constructions, ce ne peut être que par suite d'une stipu-

lation particulière qui le range parmi les servitudes conventionnelles (arrêt de la cour de Grenoble, 17 mai 1870). Du reste, la largeur du terrain soumis à cette servitude variait, d'après les provinces, de trois à six pieds. Suivant un acte de notoriété du Châtelet, en date du 23 août 1701, le tour d'échelle était fixé à trois pieds, et considéré comme entraînant un véritable droit de propriété, à ce point que celui qui avait, en bâtissant son mur, laissé vide cet espace de trois pieds pouvait ensuite l'enclore, si l'on se trouvait être dans une ville. Quant aux maisons royales et autres édifices royaux, il existait une certaine indécision ; mais l'opinion qui prévalut accordait dix-huit pieds, à cause de l'importance de ces bâtiments, et on alla jusqu'à comprendre les échoppes et les boutiques qui se trouvaient adossées à ces constructions comme faisant partie de l'enclos royal, pour les soumettre à la même juridiction.

Mais revenons à Rome. Peu à peu le chiffre toujours croissant de la population des villes, devenu considérable, demandait une révision de cette partie de la législation. Les règles ne furent cependant pas modifiées, et la nécessité eut cette conséquence fatale qu'on éluda les lois dans la plupart des cas, événement qui se produira toujours lorsque les règles juridiques ne se trouveront plus en rapport avec les besoins et le nouveau genre de vie ou de condition des populations. Plusieurs propriétaires se réunirent et consentirent à ce que leurs maisons fussent construites les unes à la suite des autres sans solution de continuité : la mitoyenneté conventionnelle exista dès lors, et l'on appela *insula*, non plus une seule maison isolée, mais une suite de bâtiments contigus les uns aux autres et ne formant qu'un même ténement. Mais après l'incendie de la ville de Rome, qui se produisit sous le règne de Néron, on rétablit l'ancienne manière de bâtir, et, de plus, il est défendu de la façon la plus expresse de ne plus stipuler la communauté des murs. Ces prohibitions furent renouvelées sous l'empereur Zénon dans une de ses constitutions, reproduite dans la loi 12, au Code (*de œdif. priv.*), dans laquelle il prescrit de laisser entre les maisons un intervalle de douze pieds, sans qu'il fût permis ni à l'un ni à l'autre voisin de rien bâtir ni édifier dans cet espace : *Jubemus duodecim pedes relinqui intermedios inter utramque domum, incipientes a superposita fundamenti œdificii parte.* Cette constitution semble vouloir établir une règle uniforme sur la distance à observer entre les constructions, car nous trouvons une autre loi, au même titre, qui n'exigeait que dix pieds, ce qui donne à penser que cette distance pouvait tout au moins varier dans les différentes provinces : *Ædificia, nisi spatium inter se per decem pedes liberi aeris habuerint, modis omnibus detruncentur.*

Après avoir adopté les dispositions de la législation grecque pour le voisinage qui peut exister entre les bâtiments, les Romains n'admirent même pas la mitoyenneté pour les fossés ou pour les haies. Une certaine loi Mamilia prescrivait de laisser cinq pieds de terrain inculte entre les héritages ; et la loi 13, au Digeste (*finium regund.*), reproduisant textuellement les termes d'une loi de Solon, décidait que s'il s'agissait d'un simple mur de clôture, il faudrait laisser un pied d'intervalle ; d'un fossé, un espace égal à la profondeur qu'il doit avoir ; d'arbres en général, la distance de cinq pieds, et, par exception, de neuf pieds si ce sont des oliviers ou des figuiers. Voici cette importante disposition : *Si quis maceriam fixerit, pedem relinquito ; si scrobem foderit, quantum profunditatis habuerit, tantum spatii relinquito ; at vero oleam aut ficum ad novem pedes plantato, cœteras arbores ad pedes quinque.* La loi grecque disait : Ἐάν τις τεῖχον ὠρύγῃ, πόδα ἀπολίπειν · ἐὰν δὲ βόθρον ὀρύττῃ, ὅσον τὸ βόθρος ῇ, τοσοῦτον ἀπολίπειν · ἐλειαν δὲ καὶ συκήν, ἐννέα πόδας ἀπὸ τοῦ ἀλλοτρίου φυτεύειν · τὰ δ' ἄλλα δένδρα, πέντε πόδας.

Telles étaient les dispositions en vigueur à Rome ; et il n'est pas besoin de dire qu'il ne convenait point de reproduire ces règles au commencement du siècle auquel nous devons nos codes, par suite de l'esprit même des populations, des besoins sociaux et des usages presque généraux qui y étaient contraires.

Il serait difficile de donner une idée juste des premiers usages de la nation française sur la police des bâtiments. Les règles du droit romain furent peu à peu modifiées dans nos anciens pays de droit écrit, où l'on comprit qu'avec un tel système on laissait inculte une notable partie de la terre, et qu'on ne pouvait pas utiliser au profit de la société toutes les ressources que, sans cela, on aurait pu retirer du sol. De plus, au lieu de bâtir au milieu des jardins, on s'habitua le plus souvent à construire le long des grands chemins, puis à former des bourgs en établissant les maisons les unes à la suite des autres sans solution de continuité, en comprenant que le terrain perdu ne compensait que bien faiblement la sécurité relative que l'on se procurait contre les dangers des incendies. La mitoyenneté devint dès lors un besoin social ; des usages s'établirent bientôt dans les villes pour assurer la salubrité des maisons, et nos coutumes n'eurent qu'à les ériger en lois. Les villes n'offraient pas l'importance qu'elles ont aujourd'hui ; les grands et les riches, pour qui, sous le régime de la féodalité, les lois étaient faites, les habitaient si peu, qu'on ne saurait s'étonner de voir nos anciennes lois ne contenir presque rien sur les règles que l'on devait suivre pour la construction des édifices contigus ; et partant de cette fausse idée d'économie politique que la terre est la seule richesse, les biens de la campagne attirèrent uniquement l'attention du législateur.

Les dispositions de nos Coutumes, nées de nos besoins et de la forme même de nos habitations, offraient aux rédacteurs du Code un guide plus sûr et plus approprié à la situation. Si, avant la promulgation du titre des servitudes, on exigeait, dans certaines contrées, le concours des volontés chez les deux propriétaires pour l'acquisition de la mitoyenneté, de sorte que, le voisin libre de refuser, quel que soit le prix qui lui était offert, celui qui désirait acheter la mitoyenneté était obligé d'y renoncer et de bâtir sur son fonds un mur dont il conservait

la propriété exclusive, dans presque toutes les provinces, et notamment dans le vaste ressort de la Coutume de Paris, qui servit de modèle à un grand
nombre d'autres, l'acquisition de la mitoyenneté
s'opérait par une disposition de la loi, sous la seule
condition que le voisin payât la moitié de la valeur et
du mur et du sol sur lequel il était assis. Cette règle,
la seule capable de prévenir des refus dictés par la
malice ou la mauvaise humeur, et parfois contraires
aux intérêts mêmes de celui à qui l'offre est faite, a
été reproduite par notre Code ; et, si quelquefois on
trouve sur quelques points particuliers des traces de
la théorie romaine, on peut dire que, sur les questions
principales, la jurisprudence française avait, depuis
longtemps déjà, fait admettre les principes nouveaux,
même dans ces parties de la France qui comptaient,
parmi leurs priviléges provinciaux les plus chers,
celui d'être régies exclusivement, en matière civile,
par la loi romaine. Et pour ne citer qu'un exemple
de ces traces, assez rares du reste, des anciennes
règles du droit romain, je me bornerai à citer la
Coutume locale de Saint-Clément, dans la haute
Auvergne, qui portait qu'au seigneur supérieur
appartient le terme entre deux héritages, tant que les
pieds du seigneur de l'héritage se peuvent étendre
quand il est dessus. N'est-il pas vrai que cette disposition tire son origine de l'habitude existant, dans
l'empire romain, de laisser inculte un certain espace
de terre entre les propriétés ?

On peut donc dire que notre Code n'est que la
reproduction à peu près textuelle de la Coutume de

Paris, sauf toutefois à l'égard des dispositions qui heurtaient trop violemment les institutions et les idées nouvelles qui marchent avec le temps, et s'améliorent à mesure qu'elles sont plus anciennes. C'est ainsi qu'il n'a pas reproduit, et nous croyons avec juste raison, l'art. 203 de la Coutume de Paris, qui portait que les maçons ne peuvent toucher ni faire toucher à un mur mitoyen pour le percer, démolir ou réédifier, sans y appeler les voisins, qui y ont intérêt, par une simple sommation seulement, à peine de tous dépens, dommages et intérêts, et du rétablissement dudit mur. De nos jours, les maçons ne sont point forcés de savoir si le mur qu'ils sont chargés de réparer est mitoyen ou ne l'est pas; et si le voisin éprouve quelque préjudice, c'est celui qui a ordonné les travaux qui demeure directement responsable.

En résumé, sur le titre de la mitoyenneté, les législateurs de 1804 ont établi les règles fondées sur nos habitudes et nos usages reçus le plus universellement.

CHAPITRE III.

DES PRÉSOMPTIONS LÉGALES DE MITOYENNETÉ
ET DE NON-MITOYENNETÉ.

Un mur ne peut être mitoyen que pour deux causes : ou parce qu'il a été construit à frais communs sur le fonds commun par les deux voisins dont il sépare les propriétés, car la présomption de mitoyenneté est fondée sur la supposition que le mur a été établi aux frais des intéressés, par ce motif qu'il était utile aux deux propriétaires (Cass., arrêt de la Ch. des req., 1845) ; ou parce que, postérieurement à sa construction, l'un d'eux en a acquis à titre onéreux ou à titre gratuit la copropriété indivise.

Toutefois, si c'était la seule et unique preuve à administrer, et si le Code n'en admettait pas d'autres, on peut dire que, le plus souvent, on se serait trouvé dans l'impossibilité la plus absolue de pouvoir démontrer son droit de copropriété : un long espace de temps a pu s'écouler depuis la construction de la clôture, ou même depuis l'achat de la mitoyenneté qui a eu lieu ; ou même encore il s'est produit des ventes successives, réitérées à des époques assez rapprochées, des héritages séparés par le mur mitoyen. Aussi le Code, considérant que, pour qu'un mur soit mitoyen, il faut ou que les deux voisins l'aient construit ensemble et à leurs frais, ou que l'un d'eux en ait acheté de l'autre la copropriété, n'établit-il que

certaines présomptions, tirées de l'état matériel ou de la situation du mur, au fond desquelles doit toujours se rencontrer ce caractère, à savoir que ceux-là qui en profitent ont dû contribuer aux frais de construction.

§ I.

De la mitoyenneté des murs.

L'art. 653 est ainsi conçu : Dans les villes et les campagnes, tout mur servant de séparation entre bâtiments jusqu'à l'héberge, ou entre cours et jardins, et même entre enclos dans les champs, est présumé mitoyen s'il n'y a titre ou marque du contraire.

Entre bâtiments, dit la loi, quels que soient du reste la destination différente ou l'usage pour lequel ils auraient été construits, le mur est toujours présumé mitoyen. Si les deux bâtiments ont été faits à la même époque, il y a tout lieu de supposer que le mur séparatif a été construit à frais communs. Comment admettre, en effet, que l'un des voisins ait bien voulu consentir à édifier à lui seul et à prendre à sa charge la dépense entière d'un mur qui devait, il est vrai, lui profiter, mais dont son voisin devait lui aussi tirer un avantage équivalent et une utilité égale à celle qu'il était appelé à en tirer lui-même ? Du reste, on peut aussi expliquer cette disposition législative en faisant remarquer que ce n'est que l'application de cette autre règle de notre droit, que les donations ne se présument jamais.

Plusieurs hypothèses peuvent se présenter, et il nous faut les considérer à part. Si les bâtiments sont l'un et l'autre d'égale hauteur, il est manifeste que la présomption légale, ci-dessus établie, devra s'appliquer au mur dans toute son étendue, par ce motif que le mur tout entier est utile aux deux voisins. Supposons pourtant que le mur s'élève au-dessus des couvertures des bâtiments que, tout à l'heure même, nous avons dits être d'égale hauteur, il faudra déclarer ce surhaussement mitoyen, non pas parce qu'il sépare deux bâtiments, puisqu'il est construit au-dessus des faîtages, mais bien parce que, reposant sur un mur mitoyen, il doit être censé avoir été construit en même temps que les bâtiments pour garantir leurs toitures de la violence du vent, ou pour permettre de pouvoir plus tard plus facilement les exhausser, ou encore empêcher l'un des voisins de porter ses regards chez l'autre voisin; et, dès lors, utile au même titre aux deux propriétaires, on doit le déclarer mitoyen, parce qu'il n'y a pas de raison pour en attribuer la propriété exclusive à l'un plutôt qu'à l'autre.

Si les bâtiments sont de différente hauteur, le mur n'est mitoyen que jusqu'à l'héberge, c'est-à-dire jusqu'à la hauteur du bâtiment le moins élevé, en suivant la ligne inclinée que peut présenter son toit, sans tenir compte si elle est ou non parallèle avec la base de la construction. Ce mot *héberge*, dont se sert le Code, signifie bien *toit;* car, si cette expression, employée comme synonyme, n'a pas été conservée dans la langue française, on la retrouve pourtant dans le verbe *héberger*, qui veut dire recevoir une personne dans sa maison, et par conséquent sous son toit. Cette décision, du reste, application rigoureuse mais juste de la maxime *is fecit cui prodest,* est aussi conforme à la raison. Le propriétaire du bâtiment le moins élevé n'ayant pas besoin du mur au-dessus de son toit, pourquoi supposer qu'il ait contribué aux frais d'établissement de cette partie de la construction dont l'autre voisin devait seul retirer un avantage direct? C'est cette considération qui a fait dire au conseiller d'État Berlier, lors de la discussion qui eut lieu au sujet de l'art. 653, que « le mur serait réputé mitoyen jusqu'au point où les deux bâtiments de hauteur inégale pourraient profiter du mur commun; » c'est bien le déclarer mitoyen jusqu'à la hauteur seulement du bâtiment le moins élevé. Nos anciennes Coutumes avaient, elles aussi, une semblable disposition, et Bourjon disait de son côté : « Si l'héberge de celui qui le dernier fait bâtir était moins haute, la présomption de mitoyenneté n'aurait lieu que jusqu'à l'héberge. » Duplessis exprime la même idée au livre II, chap. IV, de son *Traité des servitudes,* et Le Maistre (p. 227) nous apprend que tels étaient l'usage et la jurisprudence du Châtelet.

Nous avons déjà supposé le cas où le mur se prolongeait au-dessus de la couverture, et nous avons décidé que ce prolongement était mitoyen lorsque les bâtiments se trouvaient être d'une égale hauteur ; nous n'hésitons point à adopter une opinion con-

traire dans l'hypothèse où les deux constructions
sont d'inégale hauteur. A partir du bâtiment le moins
élevé jusqu'à la hauteur de l'autre construction, le
mur appartient exclusivement au propriétaire de
cette dernière ; aussi devons-nous également lui accorder un droit exclusif sur cette portion du mur qui
repose sur la partie dont il est l'unique propriétaire.
Retirant seul un avantage quelconque du prolongement de ce mur, on doit admettre que l'autre voisin
n'a pas contribué pour sa part dans cette construction : celui-là seul a construit qui avait intérêt à le
faire. Est-ce pour garantir la couverture de sa maison
de la violence du vent, qui pourrait déplacer les
tuiles, qu'il a fait élever ce mur? L'utilité se conçoit
pour le bâtiment le plus élevé; mais elle ne saurait
plus se comprendre pour celui qui l'est le moins, car
le premier le garantit déjà suffisamment, et peut-être
même d'une manière plus sûre et plus efficace.

Il peut se faire encore qu'à partir du bâtiment le
moins élevé, se trouvent des cheminées adossées au
mur de l'autre construction, et qui se prolongent
jusqu'à la couverture la plus haute ; que faudrait-il
décider dans ce cas ? Est-ce là une servitude d'appui?
La question présenterait quelque intérêt, si la disposition des lieux ne remontait pas à trente ans, car,
dans cette hypothèse, et en soutenant qu'il n'y a là
qu'une servitude d'appui, servitude continue et apparente, la prescription n'étant pas encore acquise, le
propriétaire du bâtiment le plus élevé pourrait assigner son voisin, à l'effet de le forcer à opérer la démolition de ses tuyaux de cheminée. La portion du mur

7

qui soutient, dans ce cas, les cheminées est mitoyenne, non pas, nous le reconnaissons, d'après la disposition de l'art. 653, mais d'après son esprit, et par application de cette règle qui gouverne toute cette matière : *is fecit cui prodest.* Cette solution trouve, du reste, sa confirmation dans l'autorité historique ; car, selon quelques-unes de nos anciennes Coutumes, non-seulement le mur qui soutenait les cheminées était réputé mitoyen, mais encore cette même présomption s'étendait à la distance d'un pied des deux côtés du tuyau : c'est ce qui résulte positivement d'un arrêt du parlement de Provence de l'année 1732. L'art. 653 n'ayant pas reproduit cette même disposition, il est à supposer que ce n'est point par oubli, et qu'aujourd'hui il n'y a mitoyenneté que pour la largeur des tuyaux de cheminée.

Si un bâtiment existe d'un côté et que de l'autre, bien qu'il n'existe pas de construction, il y ait cependant des traces ou des vestiges d'un ancien édifice, la mitoyenneté devrait encore être présumée. Pothier, au n° 204 de son *Traité de société,* nous en donne une explication qui ne souffre pas de réplique : Quoiqu'il n'y ait de bâtiment, dit-il, que de l'un des côtés du mur, ou qu'il n'y en ait plus de l'autre côté, néanmoins, s'il y a des vestiges de constructions qui y auraient été adossées autrefois, ces vestiges de bâtiment doivent faire présumer la communauté du mur jusqu'à la hauteur où sont ces vestiges, de même que le feraient présumer les bâtiments s'ils existaient encore, car ils n'auraient pu y être construits si le mur n'eût été commun, ou si l'on n'en eût pas acquis la communauté.

Il est à remarquer que tout ce qui précède sur la mitoyenneté des murs s'applique, de la même manière, à ceux qui sont situés dans les villes et les faubourgs, et à ceux qui sont bâtis à la campagne. La loi ne distinguant pas, nous ne saurions non plus établir des distinctions ; l'utilité est la même à la campagne que dans les villes, et les raisons que l'on invoque ont dans les deux cas la même portée et la même énergie. Pourquoi ne pas présumer la mitoyenneté d'un mur séparant deux bâtiments construits au milieu des champs, puisque, d'un côté, le mur est également utile à l'un comme à l'autre, et que de plus, aux termes de l'art. 661, l'un des propriétaires pouvait contraindre l'autre voisin à lui en céder la mitoyenneté, sous la condition de lui payer la moitié de sa valeur et la moitié de celle du sol sur lequel il repose?

Si nous supposons maintenant deux maisons séparées par le même mur, sans qu'il y ait ni titre ni marques pour combattre la présomption de mitoyenneté, celui qui prétend être propriétaire exclusif de ce mur pourrait assurément assigner son voisin pour le faire condamner à démolir la construction qu'il y a appuyée. Il devrait être admis à faire la preuve de son allégation, sauf, bien entendu, au voisin assigné le droit de se prévaloir de la disposition de l'art. 661, en déclarant son intention d'acheter la mitoyenneté du mur en question. Une distinction est pourtant nécessaire ; car si la construction, au sujet de laquelle s'élève cette difficulté, a plus de trente ans de date, il y a prescription, soit que l'on considère qu'il existe une servitude *oneris ferendi*, soit qu'on admette qu'il y ait eu achat et cession antérieure de la mitoyenneté : la présomption de la loi devrait l'emporter. Si, au contraire, la construction a moins de trente ans de date, le propriétaire du mur, qui l'a construit en entier à ses frais, peut être admis à prouver, alors même qu'il n'existe pas de marques contraires, et malgré les termes généraux de l'article 653, qui présume mitoyen le mur servant de séparation à deux bâtiments, que son voisin n'a point rempli les conditions exigées par la loi pour acquérir la mitoyenneté, et que, par exemple, il n'a pas payé le prix de la moitié de la valeur du mur et du sol sur lequel reposent ses fondations. La cession de la mitoyenneté, bien que ne constituant pas une vente proprement dite, ne saurait être soumise à d'autres règles que celles qui régissent ordinairement les contrats synallagmatiques ; et le vendeur, lorsque toutefois il ne s'est pas écoulé trente ans à partir de la vente est encore dans son droit ou de demander la résolution du contrat (art. 1184 et 1654 C civ.), ou d'exiger le payement de ce qui lui est dû. L'un des voisins est donc recevable, pour échapper à la présomption de mitoyenneté du mur soutenant, à l'époque de la demande, des constructions établies des deux côtés, à exciper que ces contructions de son voisin sont postérieures à l'édification du mur litigieux, qui n'a été fait que pour l'utilité des siennes. C'est, en effet, à l'époque de la construction du mur qu'il faut se reporter pour rechercher si les conditions auxquelles est attachée la présomption de la loi existaient ou n'existaient pas ; aussi devrait-elle cesser dès qu'il serait établi qu'à l'époque où le mur séparatif a été construit, il n'existait de bâtiments que d'un seul côté. La preuve testimoniale, en pareille circonstance, ne saurait être prohibée, non pour détruire cette présomption légale, qui ne peut s'évanouir que devant un titre ou les marques matérielles limitativement déterminées par l'art. 654, mais bien pour l'empêcher de naître à défaut de l'une des conditions nécessaires à son existence. L'art. 1348 C. civ., qui admet la preuve testimoniale dans le cas où le créancier n'a pas pu se procurer une preuve écrite de l'obligation contractée envers lui, semble bien cadrer avec l'hypothèse 'qui nous occupe en ce moment : le voisin a empiété sur le droit de propriété de son voisin ; c'est un véritable délit, usurpation que l'on est ordinairement admis à prouver par toute espèce de moyens. Telle est la doctrine qui ressort d'un important arrêt de la Cour de cassation (Ch. req., 10 juill. 1865), et c'est évidemment mettre l'effet avant la cause que d'invoquer la présomption de mitoyenneté contre une demande qui repose précisément sur ce que les conditions requises pour l'acquérir n'ont pas été remplies.

Reste à examiner une question, controversée comme la précédente, et qui est celle de savoir si l'on doit réputer mitoyen le mur qui sépare un bâtiment d'une place vide quelconque, par exemple d'une cour ou d'un jardin qui se trouve toutefois en état de clôture. Le mur ne doit être présumé mitoyen dans aucune de ses parties : en examinant les objections

que l'on oppose à cette solution, nous établirons
et ferons connaître en même temps les raisons et
les motifs qui militent en faveur de cette opinion. Aux termes bien formels de l'art. 663 du Code
civil, nous objecte-t-on, l'un des voisins peut forcer
l'autre à élever, à frais communs, entre leurs héritages un mur de clôture, et il est alors à supposer
que dans les lieux où la clôture est forcée, c'est-à-
dire dans les villes et les faubourgs, le propriétaire
qui a construit a usé de son droit, pour contraindre
son voisin à contribuer avec lui aux frais d'édification du mur jusqu'à la hauteur indiquée par cet article, et qui varie de huit à dix pieds, suivant le chiffre
de la population. Remarquons, en premier lieu, que
la clôture forcée n'a été adoptée que postérieurement
à l'art. 653, et que, lors de la discussion de ce dernier
article, on ne savait pas encore si on l'admettrait. Ne
peut-on pas répondre que la disposition contenue dans
l'art. 653, étant exorbitante du droit commun, ne
saurait être étendue; qu'en matière de présomptions
légales il ne faut pas raisonner par analogie ; que les
preuves légales, étant de droit étroit, ne peuvent et
ne sauraient être appliquées que dans les hypothèses
pour lesquelles elles ont été spécialement établies,
(art. 1350 C. civ); que cette présomption de l'article 653 s'applique à deux sortes de murs : à ceux qui
séparent des bâtiments jusqu'à l'héberge, à ceux qui
servent de séparation entre cours et jardins, et même
entre enclos dans les champs? Si la loi permet à
l'un des voisins d'obliger l'autre à contribuer aux frais
de construction d'un mur de clôture, elle ne saurait

pousser l'injustice jusqu'à autoriser un propriétaire à contraindre celui dont l'héritage est contigu au sien à lui payer la moitié d'un mur de bâtiment, naturellement plus épais, bien mieux établi et d'une valeur plus élevée qu'un simple mur de clôture, alors surtout qu'il serait seul à utiliser le mur ainsi construit. La justice comme l'équité repoussent donc cette première théorie, tandis que l'autre sait concilier les principes juridiques avec la véritable équité.

Puisque nous savons que le Code a reproduit l'esprit de nos anciennes Coutumes à ce sujet, nous pouvons, à l'appui de la thèse que nous venons de soutenir, rappeler l'art. 206 de la Coutume de Paris, qui décidait que, quant aux gros murs d'une maison qui la séparent d'une place vague appartenant à un autre propriétaire, ils ne sont point réputés mitoyens s'il n'y a titre contraire, n'ayant point d'apparence que le propriétaire d'une place vague, qui n'avait tout au plus besoin que d'un simple mur de clôture, ait contribué à l'édification d'un gros mur d'une hauteur et d'une solidité beaucoup plus considérables. La Coutume de Laon, dans son art. 271, n'est pas moins explicite. Après avoir adopté la mitoyenneté des murs, elle ajoute : sinon qu'ils portassent entièrement le corps d'hôtel ou édifice de l'un desdits voisins, auquel cas appartient à celui auquel est ledit édifice, ou qu'il n'y eût titre au contraire, marque ou signification qui dénotassent, par l'art de la maçonnerie, que tel mur est mitoyen. Je puis encore citer Bourjon, dans son *Droit coutumier de la France* (t. II, p. 25), qui dit que la présomption de mitoyen-

neté cesse à l'égard du gros mur de la maison joignant la cour ou le jardin du voisin. De plus, il est un
argument de texte qui me paraît décisif: d'après les
termes bien formels de l'art. 653, la présomption de
mitoyenneté des murs ne peut avoir lieu qu'entre
bâtiments, et non pas entre bâtiments et enclos. C'est
donc faire la loi et non plus l'interpréter ; c'est forcer
le sens et la portée que doit renfermer cet article,
que de décider qu'il y a mitoyenneté présumée entre
un bâtiment et un enclos quelconque (M. Abel Pervinquière, à son cours).

D'autres auteurs, par exemple Delvincourt (t. I,
p. 159) et Perrin (*Code de construction*), soutiennent que le mur du bâtiment est, dans cette circonstance, mitoyen jusqu'à la hauteur des autres
murs du terrain non bâti ; et que si ce terrain n'est
clos que du côté où existe ce bâtiment, le mur doit
être présumé appartenir exclusivement au propriétaire de la construction. Cette solution me paraît
trop subtile pour être vraie ; elle repose, du reste, sur
des distinctions que ni le texte ni l'esprit de l'art. 653
ne peuvent autoriser : il nous la faut donc rejeter
comme trop arbitraire. Qu'arriverait-il si le propriétaire du terrain non bâti, hypothèse que ces auteurs
se sont bien gardés de se poser, élevait ses murs de
clôture, car aucune loi, que je sache, n'entrave sur
ce point son droit de propriété? Est-ce que, par voie
de conséquence directe, la mitoyenneté du mur du
bâtiment va être présumée jusqu'à cette nouvelle
hauteur, alors même qu'il est certain que les autres
murs ont été récemment surhaussés?

Un mur ne sépare pas toujours des bâtiments : il peut exister entre des cours ou entre des jardins. Quelles sont, sur ce point, les dispositions de la loi ? Entre cours et jardins, et même entre enclos dans les champs, le mur est, dit l'art. 653 *in fine*, présumé mitoyen. Le mur sépare-t-il deux cours ou deux jardins, il ne peut y avoir équivoque possible : la mitoyenneté est présumée, qu'ils soient situés à la ville ou à la campagne, qu'ils soient ou non en état de clôture. Mais on a prétendu que si le mur se trouvait entre une cour et un jardin, la présomption légale ne saurait plus exister, parce que, a-t-on ajouté, on a plus d'intérêt à clore une cour qu'un jardin. Cette distinction, à laquelle résiste trop ouvertement le texte même de notre article, qui porte « entre cours et jardins, » nous paraît au surplus tout au moins contestable, et les auteurs partisans de ce système, que nous combattons, ne nous font point connaître les motifs sur lesquels ils s'appuient. On a, selon nous, autant d'intérêt à clore un jardin qu'une cour, car ici la loi entend évidemment parler d'une cour ou d'un jardin attenant à une habitation ; ajoutons même un argument *a fortiori* : si la loi répute mitoyen le mur qui sépare deux enclos situés en rase campagne, par quelle incroyable inconséquence ne présumerait-elle pas la mitoyenneté d'un mur construit entre une cour et un jardin ?

Le mur est, aux termes du même article, mitoyen entre enclos, même dans les champs. Une seule chose est ici à considérer : l'état de clôture des deux fonds ; et peu importe aussi que les clôtures soient de na-

tures différentes. Mais ici se présente une question,
qui peut se poser également en matière de chasse
ou de vaine pâture : quand pourra-t-on dire qu'un
terrain est enclos? Faudra-t-il, de tous côtés, une
barrière suffisante pour en rendre la vue et l'accès
impossibles? Il existe sur ce point la loi du 28 septembre 1791, qui porte qu'un héritage est réputé
clos lorsqu'il est entouré d'un mur de quatre pieds
de hauteur avec barrière ou porte, ou lorsqu'il est
exactement fermé et entouré de palissades, ou de
treillages, ou de haies vives, ou de haies sèches faites
avec des pieux ou cordelées, avec des branches, ou de
toute autre manière de faire les haies en usage dans
chaque localité ; ou encore d'un fossé de quatre pieds
de large au moins à l'ouverture, et de deux pieds de
profondeur. Cette manière d'expliquer la disposition
finale de l'art. 653 présente cet avantage de faire
cesser l'arbitraire et d'empêcher les décisions contraires qui pourraient se produire de la part des
tribunaux au sujet de son interprétation : la justice
doit être une pour être vraie. Cette loi, d'ailleurs, du
28 septembre 1791, devant surtout le silence du Code
en cette matière, n'ayant pas été abrogée, ni d'une
façon directe et formelle, ni même d'une manière
implicite, par aucune autre loi postérieure, nous pensons qu'il est rationnel de conclure qu'elle doit
encore toujours être en vigueur.

On peut enfin supposer une hypothèse assez singulière, celle où un mur est situé, à la campagne, entre
deux héritages qui ne sont clos ni l'un ni l'autre,
entre, par exemple, deux morceaux de pré, de vigne

ou de terre labourable. Les termes de la loi n'embrassent point cette hypothèse, et pourtant on est bien forcé de déclarer ce mur mitoyen, car auquel des deux voisins en reconnaître la propriété exclusive, puisque nous admettons que les deux fonds ne sont ni l'un ni l'autre en état de clôture? On est donc contraint de le considérer comme mitoyen, car il n'y a pas plus de raison pour en attribuer la propriété à l'un des voisins plutôt qu'à l'autre.

Que faudrait-il décider à l'égard d'un mur de souténement ou de terrasse? Il importe, à cette occasion, d'user de distinctions. Si le mur ne dépasse pas le niveau du sol du terrain le plus élevé, on doit considérer le mur comme faisant partie intégrante (arrêt du parlement de Paris du 26 mai 1762), ou tout au moins comme un accessoire de ce terrain; c'est ce que Denizart décidait déjà de son temps, lorsqu'il disait qu'un pareil mur devait être regardé comme un accessoire et une dépendance de la terrasse elle-même. Et, d'après le principe *major pars trahit ad se minorem, et accessorium sequitur principale,* on devrait en attribuer la propriété exclusive au voisin qui est déjà propriétaire du terrain soutenu par ce mur, par ce motif encore que la loi ne répute mitoyen que le mur qui sépare deux héritages, et qu'ici, bien qu'il existe un mur, on ne peut cependant pas dire qu'il sépare deux fonds de terre. Lorsque le mur qui forme terrasse est lui-même appuyé à l'extérieur sur des arcs-boutants, des piliers-boutants ou des jambes de force, la présomption de mitoyenneté doit aussi cesser, car il faut admettre, jusqu'à preuve contraire, que le propriétaire les a construits sur son propre terrain ; et, dès lors, le mur en lui-même n'étant plus bâti sur la ligne séparative des deux héritages, la présomption légale ne peut plus avoir lieu.

Si nous supposons, au contraire, que le mur dépasse le niveau du terrain le plus élevé, s'il n'y a titre ou marque du contraire, nous le considérerons mitoyen dans toute son étendue, jusque dans ses fondations ; car ici la position des deux voisins est identique au point de vue de la clôture, et il existe un mur qui a bien ce caractère de séparer les deux héritages contigus. Admettant forcément la mitoyenneté du mur pour la partie qui dépasse le sol le plus élevé, on ne peut supposer que cette portion qui soutient ce qui est mitoyen ne soit elle-même mitoyenne. Dès qu'un mur existe, et que sa partie supérieure est nécessairement mitoyenne, sa base et ses fondations doivent avoir ce même caractère, car sans ces fondations il ne saurait exister de mur : un mur mitoyen ne saurait reposer sur une partie qui ne le serait pas (Cass., ch. req., 11 janvier 1864 ; conf. arrêt de la cour de Caen, 2 avr. 1862). Peut-être pourrait-on faire l'objection suivante : il n'est pas rationnel de faire supporter par le voisin dont le fonds est le plus bas les réparations de cette partie du mur qui soutient les terres du fonds supérieur, puisque, quant à lui, cette portion du mur ne lui est d'aucune utilité. Tout en répondant que cette portion du mur soutient, tout au moins, le mur mitoyen, qui sans elle n'existerait pas, l'équité semblerait, il est vrai, favorable à cette proposition ; mais les principes du droit sont trop formels pour permettre une solution contraire. Et encore, l'équité est-elle donc aussi ouvertement violée qu'on veut bien le prétendre ? Un mur existe entre deux voisins : d'après sa situation et son état matériel, il est présumé mitoyen ; la disposition des lieux dans lesquels il a été construit fait prévoir qu'il faudra lui faire de fréquentes réparations, et le voisin reste dans l'inaction ! Il ne proteste pas contre cette présomption légale ! Est-il donc bien contraire à l'équité de lui faire supporter les conséquences de son inertie ou de sa négligence ?

§ II.

Des marques de la non-mitoyenneté des murs.

Après avoir indiqué, dans l'art. 653, les circonstances d'après lesquelles il faudra présumer que les deux voisins ont sur la clôture qui sépare leurs héritages un droit de copropriété indivise, la loi, dans l'article suivant, nous fait connaître quels sont les signes, résultant d'ailleurs de l'état matériel du mur, qui doivent faire tomber et disparaître cette présomption de mitoyenneté.

Il y a marque de non mitoyenneté, porte l'art. 654, lorsque la sommité du mur est droite et à plomb de son parement d'un côté, et présente de l'autre un plan incliné ; lors encore qu'il n'y a que d'un côté ou un chaperon ou des filets et corbeaux de pierre qui y auraient été mis en bâtissant le mur : dans ce cas, le mur est censé appartenir exclusivement au propriétaire du côté duquel sont l'égout, les corbeaux ou filets de pierre.

Examinons tout d'abord ce qu'il faut entendre par les expressions « chaperon, filets, corbeaux...» dont se sert la loi. Le chaperon, c'est la couverture du mur, son chapeau comme on le dit d'une manière assez expressive. Le filet, c'est cette partie saillante, ou cette moulure, qui se trouve au bout du chaperon, pour rejeter hors du parement du mur les eaux pluviales qui en découlent, et qui pourraient à la longue, sans cette précaution, le dégrader ou en miner les fondations. En architecture, on emploie encore le mot *larmiers*, métaphore assez touchante qu'on ne s'attendrait point à rencontrer en pareille circonstance, et qui peut s'expliquer en faisant remarquer que les eaux en tombent goutte à goutte comme des larmes. Les corbeaux sont des pierres qui font saillie hors du mur, et qui, placées de distance en distance, sont le plus souvent destinées à soutenir des poutres ou tout autre fardeau ; ces pierres, plates sur le dessus, présentent au contraire à leur partie inférieure une surface courbe, acamusée comme on le disait autrefois, et c'est de là que leur est venue leur dénomination, de l'ancien mot celtique *corbe*, qui signifiait recourbé. On ne saurait cependant les confondre avec les harpes, qui, elles aussi, sont bien des pierres qui forment saillie hors du mur, mais qui, outre qu'elles n'affectent point la forme que nous venons de décrire, ne se rencontrent que sur le prolongement des murs de façades. Ce ne sont que des pierres d'attente, qui permettront de relier le bâtiment déjà existant avec celui qui pourra se construire plus tard tout auprès, et de lui assurer plus de solidité sans qu'il soit besoin de dégrader le premier.

Lors, dit la loi, que la sommité du mur est droite et à plomb de son parement d'un côté et présente de l'autre un plan incliné, il y a marque de non-mitoyenneté : dans ce cas, l'égout des eaux tombe tout entier d'un seul côté ; et c'est avec juste raison que la loi établit cette présomption, car si le mur était réellement mitoyen, un seul des voisins n'aurait jamais consenti à recevoir sur son propre terrain tout l'égout de ce mur, et, ne retirant que la moitié des avantages que peut procurer cette clôture, il n'aurait point pris à sa charge la totalité des inconvénients ou des incommodités qui peuvent en résulter. Ce n'est là que la conséquence directe et immédiate de cette règle de droit : *ubi sunt emolumenta, ibi et esse onera debent ;* et nous verrons, en poursuivant le commentaire de cet article 654, que les autres marques de non-mitoyenneté qu'il établit ne sont, elles aussi, qu'une déduction et comme un corollaire de cette même règle. Ainsi, est encore présumé mitoyen le mur qui ne porte que d'un seul côté un chaperon ; ce cas rentre évidemment dans le premier, puisque, dans cette hypothèse, le mur doit nécessairement présenter de l'autre côté un plan incliné, pour faciliter l'écoulement des eaux. La mitoyenneté est encore présumée lorsqu'il se trouve d'un seul côté des

filets ou corbeaux de pierre qui auraient été placés
lors de la construction : on doit encore supposer que
l'un des voisins aurait protesté, ou tout au moins
exigé que des marques semblables aient été mises
de son côté, des corbeaux par exemple, dont il aurait
pu se servir si plus tard il eût voulu élever une
construction contre le mur mitoyen. Ces moyens,
nous dit Guy-Coquille, sont des expédients inventés
par nos ancêtres pour servir de témoignage perpétuel, et sont témoins muets.

La loi exige que ces filets ou corbeaux soient de
pierre, et, de plus, qu'ils aient été placés lors de la
construction du mur. C'était déjà la disposition de
l'art. 214 de la Coutume de Paris, qui disait « accom-
pagnés de pierre, » et de l'art. 168 de la Coutume de
Normandie, qui ne considérait les corbeaux comme
une marque de non-mitoyenneté que dans le cas où
ils étaient confectionnés et placés en même temps
que l'on a construit le mur. La preuve de cette
circonstance résultait suffisamment de ce que la
pierre, dont une partie faisait saillie d'un côté, était
assise dans toute l'étendue du mur. Guy-Coquille,
dont nous rapportions tout à l'heure encore les
paroles, ajoutait, dans son Commentaire sur la Coutume du Nivernais (ch. XIV, art. 19), qu'il fallait que
la structure ait été faite dès la première édification
du mur et de la même ordonnance. Autrement,
comme il est aisé de le comprendre, rien ne serait
plus facile à l'un des voisins de se créer, à l'insu
de l'autre, un titre de propriété, en faisant, longtemps même après la construction du mur, placer,

si l'on veut, des filets ou des corbeaux en bois ou en plâtre sur le parement du mur qui se trouve de son côté.

Mais pourtant des filets ou des corbeaux placés après coup dans le mur entraîneraient présomption de mitoyenneté, s'il était établi qu'ils y ont été mis contradictoirement par les deux voisins, ou d'après leur consentement mutuel, sans rechercher, dans ce cas, depuis combien de temps ils y ont été établis. Il en serait de même encore si l'un des propriétaires les y avait fait mettre sans prévenir l'autre, et même à son insu, pourvu toutefois que, dans cette dernière circonstance, la situation des lieux remontât à plus de trente ans. Rien ne s'oppose, en effet, comme le disait Dunod à ce sujet, à ce qu'un communiste acquière par prescription le droit de son coassocié. On admettrait bien la prescription trentenaire s'il s'agissait de dépouiller l'un des voisins de la propriété de la totalité de son héritage : par quelle inconséquence sans nom ne l'admettrait-on plus à l'effet de faire acquérir la propriété exclusive d'un simple mur, et, à plus forte raison, lorsqu'on a déjà dans ce mur un droit de copropriété indivise ? En général, qui peut le plus peut le moins. La prescription pourrait encore avoir lieu à la suite d'actes répétés, accomplis à titre de propriétaire, alors même que l'on n'aurait établi dans le mur aucune marque légale de non-mitoyenneté. Faisons observer, dans tous les cas, qu'il faudrait des actes de possession non équivoques, par exemple abaisser la hauteur du mur et s'approprier privativement les matériaux qui

8

en proviennent, ou y pratiquer des fenêtres ; car si le mur eût été réellement mitoyen, l'un des voisins n'aurait pas eu le droit de les faire ouvrir (art. 675, C. civ.). On devrait, au contraire, rejeter, comme insuffisants pour servir de base à la prescription, les actes de pure tolérance, résultat nécessaire des relations qu'exige un bon voisinage, et considérer que le placement qui aurait été fait dans le mur de quelques crochets destinés à faciliter l'attache d'espaliers, ou la plantation de certains arbres contre le mur, ne constituerait pas des faits caractéristiques de la propriété exclusive de ce mur (Cass., ch. req., 11 janv. 1864 ; Caen, 2 avr. 1862).

L'art. 654 est-il limitatif, ou les juges pourraient-ils reconnaître d'autres marques de non-mitoyenneté que celles qu'il indique? Il est strictement limitatif; il ne raisonne pas *per modum exempli*, mais fixe, comme le disait le tribun Albisson, et détermine précisément les marques de la non-mitoyenneté. On me fait pourtant une objection : le Code n'a évidemment entendu, dans l'art. 654, raisonner qu'*exempli gratia*, car pourrait-on supposer qu'il ait voulu enchaîner à l'avance la décision des magistrats, lorsque, devant les progrès de l'art architectural, il deviendrait nécessaire, par suite d'usages nouveaux, d'établir d'autres présomptions. L'objection, il faut bien le reconnaître, est peu pressante, et un premier argument de texte, qui pourtant est décisif en pareille circonstance, consiste, pour la faire tomber, à invoquer les termes mêmes de l'art. 654 : il y a marque de non-mitoyenneté lorsque....., expressions qui re-

poussent énergiquement toute idée qu'il n'existe là,
comme le soutient à tort M. Demolombe (t. I, n° 340),
qu'une série de signes indiqués uniquement pour
servir d'exemple aux tribunaux. On critique la loi,
on soutient qu'il y a une lacune, et qu'il importe de la
combler, bien qu'on ne puisse pas arriver à établir
sur ce point une opinion unanime. Il s'agit ici, non
d'une question de législation, mais d'une question
judiciaire, et il faut aux juges appliquer la loi et non
pas se poser en législateurs; il n'appartient pas aux
cours d'appel (Pau, 20 mars 1863), pas plus qu'à la
Cour de cassation elle-même, de la trancher, comme
le faisaient autrefois les préteurs romains lorsqu'ils
entraient en charge, en introduisant dans leurs édits
un droit nouveau. La doctrine qui assure que
l'art. 654 est limitatif devrait encore être adoptée,
alors même qu'elle ne présenterait d'autre avantage
que de dissiper tous les doutes qui existaient autrefois d'une manière si fâcheuse dans nos anciennes
provinces, où les marques de mitoyenneté, dans les
unes, allaient jusqu'à faire preuve de la propriété
exclusive dans d'autres. Dira-t-on qu'on ne saurait
sans injustice briser ou arracher violemment les anciennes habitudes locales, auxquelles la ténacité est le
caractère dominant, èt qu'on dépouillerait ainsi, sans
droit, l'un des voisins au profit de l'autre? Remarquons que le Code, dans son art. 2, renferme cette
règle juste et rassurante tout à la fois, que les lois
n'ont pas d'effet rétroactif; ce qui, appliqué à notre
matière, signifie sans doute que l'art. 654 ne saurait
s'appliquer aux murs construits antérieurement à sa

promulgation. En mentionnant les signes précis de la non-mitoyenneté, il a voulu retirer des mains des magistrats un pouvoir arbitraire d'appréciation; et qui dit arbitraire dit dangereux. Devant ce progrès immense qui venait de s'accomplir, l'unité du territoire de la France, les divisions administratives ne formant plus que des parties d'un même tout, on a répondu par cet autre bienfait, non moins avantageux, l'unité de législation. Admettrons-nous comme marque de non-mitoyenneté des os incrustés dans le mur, des chevilles, des anneaux ou des crochets qui y auraient été scellés d'un seul côté, ou encore, comme le décidaient les Coutumes d'Orléans (art. 241) et du Nivernais (art. 14), des corbeaux renversés, connus sous le nom de *corbelets de défense*, de manière que celui du côté duquel ils étaient n'en pût faire aucun usage? Mais, de concessions en concessions, on arriverait bien vite à laisser aux juges un pouvoir d'appréciation fort dangereux en cette matière, comme ayant pour résultat de jeter l'incertitude dans la propriété (M. Abel Pervinquière, à son cours; Pardessus, n° 162; Marcadé, art. 654).

On peut encore supposer qu'il existe des marques de non-mitoyenneté des deux côtés : le mur serat-il quand même présumé mitoyen? Disons de suite que tout le monde est d'accord pour reconnaître que la question n'est point changée, soit que ces marques présentent le même caractère, ou qu'elles soient, au contraire, de nature différente. L'ancienne jurisprudence admettait sur ce point l'affirmative, par le motif que ces marques se neutralisant réciproquement ; on devait rentrer par cela même sous l'empire du droit commun. La marque du mur mitoyen, disait Loysel (*Inst.*, Cout., liv. II, tit III, n° 2), est quand il est chaperonné des deux côtés. De même, l'art. 160 de la Coutume de Normandie et l'art. 214 de celle de Paris portaient : sinon qu'il s'en trouvât des deux côtés, auquel cas ledit mur est censé mitoyen; enfin Bannelier (sur Davot, liv. II, tit. II, n° 29) déclare le mur mitoyen lorsqu'il est couvert à deux eaux. Cette solution nous paraît trop rationnelle pour ne pas l'admettre même sous l'empire de notre législation moderne, et nous ne saurions partager l'opinion de ces auteurs (Toullier, t. III, n° 190 ; Demol., t. I, n° 339) qui soutiennent que ces marques ne présentent que des indices équivoques, qui peuvent bien suffire pour exclure la mitoyenneté, mais non pas pour la prouver lorsqu'elles existent des deux côtés. Chaque voisin invoque en sa faveur une présomption légale qui, si elle était seule, lui ferait attribuer la propriété exclusive du mur : quoi de plus juste, et en même temps de plus conforme au droit, que de conclure, de cette rivalité et de ce concours de présomptions, qu'ils ont tous les deux une copropriété indivise sur l'objet commun? (M. Abel Pervinquière, à son cours).

Si la présomption de mitoyenneté cesse lorsqu'il existe dans le mur les marques que nous venons d'indiquer, à plus forte raison cette même présomption doit-elle s'évanouir lorsque l'un des voisins produit un titre qui lui attribue la propriété exclusive de ce mur (art. 653 *in fine*). Il importe de remarquer, à cet égard, que les tribunaux ont, à cet effet, plein pouvoir d'appréciation ; c'est une décision souveraine qu'ils rendent sur ce point, et qui, par sa nature même, ne saurait donner lieu à un recours en·cassation. N'est-il pas naturel d'admettre que, si les parties ont pris soin de rédiger un écrit, c'est qu'il existait certains détails à régler que l'on n'aurait pas pu établir à l'aide seulement des présomptions introduites par nos lois. Il importe peu, d'ailleurs, que le titre produit soit authentique ou sous seing privé : *ubi lex non distinguit, nec nos distinguere debemus.* Mais doit-il émaner des deux voisins à la fois ? Faut-il qu'il ait été passé contradictoirement entre les propriétaires ? Le Code, sur cette nouvelle question, est encore muet, il ne s'explique pas ; il exige un titre, sans nous dire ni dans quelles circonstances ni dans quelles formes il doit avoir été fait. Pourquoi distinguer là où la loi ne distingue pas ? Pourquoi être plus sévère ? Si un voisin prouve par titre que le mur qui sépare son terrain de l'héritage contigu a été bâti en entier sur son propre fonds et à ses frais personnels, pour quelle raison si puissante ne pas lui en attribuer la propriété exclusive ? Sans doute, il faut bien le reconnaître, l'autre voisin a pu, postérieurement à la construction de ce mur, le contraindre à lui en céder la mitoyenneté, mais c'est contester le contenu du titre qu'on lui oppose ; aussi est-ce à lui à prouver son allégation. Que n'a-t-il exigé, lui aussi, un acte écrit pour faire preuve de sa propriété, et constater la cession qui venait d'avoir lieu ? Que n'a-t-il fait mettre de son côté des signes matériels de sa copropriété? Que n'a-t-il enfin retiré une simple quittance indiquant que la somme qu'il a payée a eu pour cause la cession de la mitoyenneté qui lui a été consentie? Il a été imprudent, ou tout au moins négligent : c'est à lui à supporter seul les conséquences de sa faute, *sibi imputet;* et s'il ne prouve pas contre le titre écrit que lui oppose son voisin, on ne saurait lui reconnaître aucun droit de copropriété indivise.

Il peut se faire encore qu'une partie produise un titre qui lui attribue la propriété exclusive du mur, et que l'autre partie invoque en sa faveur des marques de non-mitoyenneté. Dans ce conflit entre la preuve littérale et la présomption légale, Pothier (n⁰ 206, *Contrat de société*) résout la question en déclarant que les présomptions de la loi ne peuvent avoir lieu qu'à défaut du titre, qui constate ou la communauté ou la propriété du mur. C'était aussi l'opinion de Bourjon (t. II, p. 20), qui ajoute que le titre matériel cède toujours au titre exprès et par écrit qui y serait contraire, l'un étant infiniment plus fort que l'autre : juste préférence de laquelle il faut nécessairement conclure que la construction du mur, c'est-à-dire les filets d'un seul côté, ne peut faire obstacle à l'exécution du titre par écrit qui serait contraire, le titre matériel ne pouvant militer qu'à défaut de l'autre. Cette solution nous paraît trop conforme aux principes juridiques de notre droit pour ne pas l'adopter.

§ III.

De la mitoyenneté et de la non-mitoyenneté des haies.

La présomption de mitoyenneté des haies est établie par l'art. 670 dans les termes suivants : Toute haie qui sépare deux héritages est réputée mitoyenne, à moins qu'il n'y ait qu'un seul des héritages en état de clôture, ou qu'il n'y ait titre ou possession suffisante au contraire.

Une seule chose est ici à considérer, caractère du reste que nous avons déjà reconnu pour les murs situés entre enclos dans les champs : l'état de clôture des deux fonds qui sont séparés par la haie. Peu importe que l'un d'eux soit, sur trois côtés, entouré de murs ou de fossés, et, sur le quatrième, fermé par une haie : les dispositions de la loi du 28 septembre 1791, que nous avons fait connaître à l'occasion de la mitoyenneté des murs, devraient là aussi recevoir leur application. Il est vrai que certains auteurs, notamment Duranton (t. V, n° 386) n'admettent la mitoyenneté que dans le cas où les héritages sont également clos de tous côtés par des haies ; mais cette opinion, sans aucun doute trop arbitraire, me paraît trop hardie, et trop contraire au texte que je viens de citer, pour exprimer la véritable pensée de la loi, et on pourrait lui reprocher tout au moins d'être injuste. Un propriétaire a pu, évidemment, construire un mur du côté où sa sûreté personnelle l'exigeait, et par où son terrain se trouvait plus spécialement exposé à des dommages plus fréquents ou plus considérables, alors même qu'il a contribué aux frais de plantation de la haie : faut-il en conclure que, par la construction de ce mur, il ait ouvertement manifesté l'intention d'abandonner à son voisin le droit de copropriété indivise qu'il possédait déjà dans cette haie ?

En écrivant l'art. 670, le législateur a voulu abroger les anciennes Coutumes (Coutume du Berry, tit. x, art. 22), qui, pour établir la présomption de mitoyenneté des haies, considéraient quelle était la nature des fonds. Loysel nous apprend, en effet (liv. II, tit. III, art. 8), que la haie vive ou buisson, étant entre pré et terre, vigne ou bois, est réputée être du pré, et non de la terre, vigne ou bois. Et le motif qu'il en donne est, il faut le reconnaître, assez subtil et difficile à comprendre, lorsqu'il s'agit surtout d'un pré et d'une vigne séparés par une haie. Cette coutume, ajoute-t-il au même endroit, est fondée sur ce que le pré a plus besoin de clôture que la terre, la vigne ou le bois ; il faut donc réputer la haie être du pré plutôt que de la vigne, car, encore que l'on ait intérêt à boucher la vigne comme le pré, néanmoins le pré est plus sujet aux dommages des bestiaux, et par conséquent a plus besoin de clôture pour le conserver et le rendre défensable en tout temps. Si la haie séparait une vigne d'une terre labourable, elle était censée appartenir au propriétaire de la vigne, qui a plus besoin de clôture qu'un morceau de terre ;

si la haie se trouvait entre deux prés, deux vignes ou deux bois, ou deux morceaux de terre de même nature, alors elle était réputée mitoyenne, à moins qu'il n'y eût signe du contraire. Et quoique La Thaumassière, dans son Commentaire sur cette Coutume du Berry, nous dise que tel était le droit commun du royaume, et que cette disposition était tenue pour coutume générale en France, on peut cependant soutenir, avec raison, que cette question donnait déjà lieu à des controverses entre les jurisconsultes de cette époque. Ainsi Guy-Coquille, sur la Coutume du Nivernais (chap. XXV, art. 1er), qui recherche lui aussi, pour savoir si la haie est ou n'est pas mitoyenne, quelle est la nature des fonds, et quel est celui des deux qui a le plus besoin de clôture, déclare pourtant que, pour sa part, il admettrait la présomption de communauté d'une haie qui séparerait un pré d'une vigne.

Le Code, voulant, à notre avis, établir une règle sûre et uniforme, rejette toutes ces distinctions, aussi compliquées que dangereuses, et ne considère, comme nous l'avons déjà dit, qu'une seule chose, l'état de clôture des deux fonds. Qu'arriverait-il donc si l'ancienne règle du Berry eût été conservée, et que l'un des voisins vînt soutenir que, si les deux fonds sont aujourd'hui d'une nature différente, ils étaient pourtant, dans le principe et lors de la plantation de la haie, cultivés de la même manière ? Faudrait-il faire une enquête, exiger un rapport d'experts, une *visitation* comme on le disait autrefois ? Mais que de frais, que de lenteurs pour déterminer la propriété d'une chose qui, le plus souvent, est de minime valeur, et dont le propriétaire acceptera toujours la perte, plutôt que de supporter des dépenses qui dépasseraient presque constamment la valeur de l'objet en litige ! Notre législation actuelle a justement eu en vue de faire cesser ces contestations, ces procès entre voisins, et, pour couper court à toutes ces difficultés, elle pose ce principe unique : Toute haie sera réputée mitoyenne si les deux terrains qu'elle sépare sont l'un et l'autre en état de clôture.

Il arrive assez souvent que deux fonds de terre sont séparés par une haie et un fossé qui se touchent : que décidera-t-on dans cette hypothèse ? Il faut, évidemment, écarter de suite le cas où il existerait une borne, car ce témoin muet et perpétuel équivaudrait à un titre, et la haie et le fossé appartiendraient pour le tout à l'un ou à l'autre voisin, suivant que la borne se trouverait d'un côté ou de l'autre. Mais si nous supposons qu'il n'existe aucune marque, et même encore, si l'on veut, qu'il s'élève à ce sujet une contestation entre les deux propriétaires, la difficulté repose sur ce fait que l'on se trouve en présence de deux présomptions légales : celle de l'article 666, qui déclare le fossé mitoyen ; celle de l'art. 670, qui présume la mitoyenneté de la haie. On a voulu soutenir que la haie, plus que le fossé, était le signe d'une véritable séparation entre les héritages contigus, et qu'elle devait par ce motif être réputée mitoyenne (Duranton, t. V, nº 375; Taulier, t. II, p. 400). D'autres auteurs pensent, au contraire, que la haie doit appartenir en entier au

propriétaire sur le fonds duquel elle se trouve située,
car il est d'habitude de creuser un fossé pour favoriser le développement des buissons (Delvincourt, t. I,
p. 160; Toullier, t. II, p. 250; Pardessus, t. I,
n° 188). Il nous est impossible, pour notre part,
d'adopter *a priori* l'une ou l'autre de ces décisions.
Le rejet du fossé existe-t-il du côté de la haie, alors
le fossé et la haie appartiennent entièrement, par
argument d'analogie tiré de l'art. 668, à celui sur le
fonds duquel la haie a été plantée. La levée du fossé
existe-t-elle au contraire du côté opposé, le voisin
de ce côté en conserve la propriété exclusive, et
l'autre voisin aura par suite la pleine propriété de la
haie, par ce motif que, l'un et l'autre ayant enclos
leurs héritages, il n'y a plus là qu'une simple juxta-
position de clôtures établies par les deux voisins
dont les terrains étaient contigus. Si pourtant il
n'existe plus de levée sur les bords du fossé, on ne
saurait sans danger résoudre théoriquement la question; et, il faut bien le reconnaître, le Code n'ayant
point prévu cette hypothèse, on devrait en laisser
la solution à la sagesse des tribunaux, qui, suivant les
cas, décideraient *ex œquo et bono*. Une opinion pré-
conçue et absolue pouvant parfois devenir injuste
ou se trouver en complète contradiction avec les
faits particuliers qui peuvent se présenter dans
chaque espèce différente, il vaut bien mieux laisser,
en pareil cas, aux circonstances la part d'influence
qu'elles peuvent exercer.

Il paraîtrait que les Romains avaient assez souvent
l'habitude, au lieu de placer des bornes, de planter

des arbres entre leurs héritages : l'arbre était-il échancré du côté du voisin, c'était là une preuve que l'arbre tout entier lui appartenait ; était-il échancré sur le milieu, on y voyait une preuve que l'arbre était commun. Ces habitudes ont disparu de nos jours, et la loi ne reproduit pas ces distinctions ; il faut donc les considérer comme abandonnées et abolies. Mais il peut pourtant se trouver encore des arbres situés sur la ligne séparative de deux fonds de terre. Pas de difficulté s'ils se trouvent placés dans une haie mitoyenne, car ils sont mitoyens comme elle, d'après les termes bien formels de l'art. 673 à cet égard. Cette même décision devrait encore s'appliquer lorsque les arbres sont indépendants et isolés, car on ne voit pas pour quelles raisons ou pour quels motifs on en attribuerait la propriété exclusive à l'un plutôt qu'à l'autre des voisins.

La présomption de mitoyenneté cesse lorsque l'un des héritages est seul en état de clôture, car on doit supposer que le voisin dont le terrain n'est pas clos n'a pas contribué pour sa part aux frais de plantation d'une haie qui ne devait lui offrir aucun avantage. Aussi, si l'autre voisin se disposait également de son côté à clore son héritage, le propriétaire du terrain déjà enclos ne devrait pas manquer, s'il est prudent et soucieux de garder son droit dans son intégrité, d'obtenir de lui une reconnaissance de sa propriété sur la haie, ou, en cas de refus de sa part, lui faire signifier un acte de protestation. Il est facile de comprendre que, sans cette précaution, les deux fonds étant désormais enclos, la présomption de l'art. 670 produirait tout son effet, et qu'elle ne saurait plus disparaître que devan la production de titres en règle suffisants pour établir le contraire, et que ce serait à celui des propriétaires qui viendrait soutenir que cette présomption de la loi est en défaut qu'incomberait le fardeau de la preuve.

La présomption établie par l'art. 670 n'étant point une de ces présomptions *juris et de jure* qui n'admettent pas la preuve contraire, mais une simple présomption *juris tantum*, s'il y a titre produit, elle s'évanouit ; et il y a ici les mêmes raisons à invoquer que lorsqu'il s'est agi de la non-mitoyenneté des murs.

La loi ajoute encore : ou s'il y a possession suffisante au contraire ; mais que faut-il entendre par possession suffisante, et quel laps de temps sera donc nécessaire ? Sur cette question, qui évidemment peut aussi se produire au sujet des murs et des fossés, la loi est absolument muette, et son silence a donné lieu à de graves controverses. Notons toutefois que l'on est unanimement d'accord pour reconnaître que la présomption de mitoyenneté doit, sans aucun doute, disparaître devant une possession trentenaire (art. 2262 C. civ.). La difficulté commence, au contraire, lorsqu'il ne s'agit plus que d'une simple possession annale ; doit-elle, elle aussi, réduire à néant cette même présomption ? Nous n'hésitons pas, pour notre part, à adopter l'affirmative ; mais avant de faire connaître les arguments sur lesquels nous comptons nous fonder à l'appui de cette thèse, il nous faut retracer en quelques lignes les carac-

tères particuliers et spéciaux ainsi que les avantages
de la possession annale.

Déjà, sous l'empire de notre ancien droit, l'on s'a-
perçut qu'il pouvait se faire que la preuve de son
droit de propriété, qu'il fallait administrer, était em-
barrassante et même fort difficile : les titres étaient
égarés, la mémoire des témoins, lorsque toutefois il
était permis de recourir à ce genre de témoignage,
n'était pas toujours infaillible. Partant de cette idée,
que le plus souvent la possession et la propriété sont
réunies dans la même personne, car, la possession
étant l'exercice du droit de propriété et le fait qui
l'utilise, le propriétaire a toujours grand soin de ne
point laisser passer en d'autres mains l'attribut de
son droit, on arriva, par une déduction assez raisonnable, à formuler cette véritable présomption légale,
devant laquelle tous les autres genres de preuve se
trouvaient sans force et sans valeur, et qui consistait
à regarder la possession d'un an et un jour comme
faisant preuve complète de la propriété. Ainsi celui
qui détient un immeuble appartenant à autrui, et qui
le possède depuis plus d'une année, en est et en demeure incommutable propriétaire, pourvu que sa
possession ne soit pas entachée de violence, et que
de plus elle soit continue, non interrompue, paisible,
publique et non équivoque. Et cette règle, dont les
avantages furent si vite appréciés, fut poussée si loin
dans ses conséquences, que l'on déclarait la communauté de biens entre personnes qui étaient restées
un an et un jour sous le même toit : c'était ce qu'on
a appelé les sociétés *taisibles*.

Cette disposition, bonne et nécessaire en elle-
même, présentait pourtant un grand danger par
suite du court espace de temps à l'expiration duquel
on pouvait se trouver dépouillé irrévocablement de
ce qu'on avait légitimement acquis. Par une heureuse
innovation, notre législation moderne a su conserver
les avantages précieux qui peuvent en résulter, tout
en écartant, en même temps, les dangers qui
auraient pu se produire. Aujourd'hui la possession
annale fait *présumer* la propriété, et le possesseur
est réputé propriétaire tant que le contraire n'a pas
été établi. C'est à celui qui veut combattre la présomption de la loi à prouver qu'elle est en défaut,
et à justifier son allégation. Possédez pendant une
année paisiblement et publiquement, et vous voilà
protégé : la loi confirme cette possession annale que
vous invoquez, elle en tire cette conséquence directe
et immédiate que vous êtes propriétaire; et cette
présomption légale, qui consiste à voir dans la possession un indice de la propriété, ne peut disparaître
que devant un titre indiscutable. La loi consacre donc
votre droit, et il vous suffira de l'invoquer pour rester
maître de la chose. Si pourtant votre adversaire est
légitime propriétaire, il n'est point désarmé; qu'il
attaque le jugement, rendu au possessoire, qui vous
a maintenu en possession; qu'il agisse alors au pétitoire; qu'il prouve un droit supérieur au droit que
vous invoquez; qu'il oppose son droit de propriété à
votre droit de possession, et il triomphera; mais vous
conserverez dans l'instance le rôle si favorable de
défendeur, et votre adversaire devra fatalement suc-

comber s'il ne prouve pas péremptoirement le droit qu'il invoque : le doute n'est pas permis en semblable matière.

Tel est le droit commun qui régit la propriété ; et pourquoi ne l'appliquerait-on pas en matière de mitoyenneté, lorsque pas un texte de nos lois ne vient y apporter la plus légère dérogation ? Car on ne saurait sérieusement soutenir, ni déduire de l'article 670, que le Code n'a entendu établir que deux sortes de droits : un droit de propriété exclusive en faveur de celui qui a titre ou possession suffisante, ou un droit de mitoyenneté entre les deux voisins, dans le cas où l'un d'eux ne prouve pas son droit exclusif.

De plus, et c'est là un argument qui ne me paraît rien moins que décisif, quelle serait donc, dans l'opinion qu'on nous oppose, l'utilité de la possession annale, et quel avantage aurait donc retiré celui qui, sur l'action en complainte qu'il a exercée, a été maintenu en possession, puisque, appelé par la partie adverse devant le juge du pétitoire, il lui faudrait encore produire ses titres et prouver l'existence de son droit ? N'est-ce pas renverser les principes admis ; n'est-ce pas passer un trait de plume sur les art. 23 et suivants du Code de procédure civile ? L'action en complainte ne serait donc plus qu'une vaine formalité, n'offrant plus aucun avantage ni aucune utilité, puisque celui qui aurait obtenu gain de cause, devant le juge de paix, au possessoire, se trouverait exactement dans la même position que s'il eût perdu son procès : non, la loi n'a pas pu être à ce point inconséquente ! Invoquera-t-on encore

9

un argument d'équité en soutenant qu'il arrivera, presque toujours, que le propriétaire n'apportant pas, en pareille circonstance, une attention suffisante, cette espèce de prescription annale s'accomplira peut-être sans qu'il y ait songé. Cet argument est-il concluant? Nullement : qui ne sait, en effet, que le propre de la prescription est d'être le plus souvent contraire à l'équité? Elle sévit tous les jours contre ceux qui ignorent l'existence de leurs droits ; qu'importe qu'elle blesse un intérêt privé, si elle protége un intérêt plus élevé, l'ordre public! La société est intéressée à la stabilité de la propriété.

Je dois le reconnaître franchement, une jurisprudence constante est contraire à la théorie que je développe en ce moment, et la majorité des auteurs vient encore appuyer cette doctrine consacrée par la Cour de cassation. Mais suffit-il qu'il y ait des arrêts, quelque nombreux d'ailleurs qu'ils puissent être, pour enchaîner la raison et pour faire admettre comme conforme au droit une solution qui présente une contradiction manifeste avec les principes juridiques, et qui, de plus, consacre une injustice et une inconséquence des plus flagrantes? S'agit-il du fonds tout entier ou d'un hôtel magnifique dans sa totalité, la possession annale fera disparaître la propriété elle-même, et celui qui, au possessoire, aura été maintenu en possession, n'aura, pour triompher au pétitoire, qu'à opposer ses dénégations ou même son silence; car si son adversaire n'apporte pas des preuves indiscutables du droit qu'il invoque, il lui faudra fatalement succomber. S'agit-il, au contraire, d'un simple mur de clôture, de quelques pierres placées les unes sur les autres, d'une haie ou d'un fossé, les règles vont donc changer ? Et pourquoi ? Par quelles raisons si énergiques, par quels arguments si puissants refuserait-on à la possession annale un pouvoir suffisant pour faire présumer la propriété d'une clôture, lorsqu'on lui reconnaît unanimement cette puissance, le texte de la loi est assez précis pour cela, quant à la propriété des fonds eux-mêmes ? N'est-ce pas un raisonnement tout à fait illogique que de venir soutenir que la loi protége beaucoup plus la propriété d'une haie que la propriété d'un héritage tout entier ! N'existe-t-il pas là un *a fortiori* évident, que le possesseur annal soit dispensé de prouver son droit sur un simple mur ou sur un fossé, lorsqu'il est en dispensé pour la propriété de tout le fonds ! Que nos contradicteurs cherchent les motifs d'une telle inconséquence et nous les fassent connaître !

§ IV.

Mitoyenneté des fossés; marque de non-mitoyenneté.

Sous le régime de la féodalité, il n'était point permis de clore son héritage par des haies ou par des murs, sous le prétexte que ce genre de clôture entravait l'exercice du droit de chasse qui appartenait au seigneur. Une exception existait pourtant lorsqu'il s'agissait de fossés : il était permis à tout proprié-

taire d'entourer ses terres de fossés, sans que le seigneur du fief pût l'en empêcher ; on pouvait également creuser de pareils fossés autour de sa maison,
soit pour attirer les eaux, soit pour dessécher un
terrain humide, soit encore pour conserver ou nourrir
du poisson. Il existait cependant certaines restric-
tions à cette liberté : c'est ainsi qu'il n'était point permis à un noble de faire creuser des fossés autour de
son habitation sans le consentement de son suzerain
et sans lettres patentes du roi, enregistrées à la cour
des comptes, après une information préalable de la
commodité et de l'*incommodité*. La raison que l'on in-
voquait à cet égard était que les fossés formaient
une marque distinctive des terres titrées, et que,
d'ailleurs, ayant une apparence de fortification, on
ne pouvait pas les établir sans le consentement ou la
permission expresse du roi.

La féodalité n'existe plus ; la révolution de 1789,
proclamant la liberté des personnes, a en même
temps proclamé la liberté des propriétés.

La présomption de la loi, dans notre droit actuel,
va en grandissant ; après avoir adopté la mitoyenneté
des murs sous les distinctions spécialement et limitativement déterminées, après avoir établi la mitoyenneté des haies en exigeant seulement que les
deux fonds contigus soient l'un et l'autre en état de
clôture, l'art. 666 va plus loin encore lorsqu'il s'agit
d'un fossé : il le déclare mitoyen s'il se trouve entre
deux héritages, sans même exiger qu'ils soient enclos ; dès qu'un fossé les sépare, alors même qu'un
seul serait entouré, la présomption légale doit s'appli-

quer. Cette disposition est logique en elle-même, et il n'est pas difficile de l'expliquer : un fossé peut servir à délimiter deux fonds de terre, et, aux termes de l'art. 646 C. civ., le bornage se fait à frais communs ; il sert aussi à l'écoulement des eaux, qui, par leur stagnation, pourraient devenir nuisibles, et, dès lors utile au même titre aux deux fonds, il était rationnel d'admettre que les propriétaires ont contribué ensemble aux frais de son établissement, lorsqu'il n'y a ni titre ni marque qui vienne confirmer un droit contraire. On peut encore ajouter que, le prix nécessaire pour faire creuser et pour entretenir un fossé étant en général fort modique, il y a tout lieu de supposer qu'il a été fait par les deux voisins, qui n'auront point dû reculer devant cette légère dépense, lorsqu'ils devaient retirer l'un et l'autre un avantage direct des travaux exécutés. Nos anciennes Coutumes étaient uniformes sur ce point : telle était la disposition des Coutumes du Boulonnais, d'Auxerre (article 115), de Montargis, d'Orléans (art. 252), de Reims (art. 369), de Sedan, du Grand-Perche, du Berry (art. 14), de Cambrai et de la Normandie. Loysel, de l'Hommeau et Poquet reconnaissent également que tout fossé qui sépare les héritages doit être réputé mitoyen.

Nous n'admettons point la présomption de l'article 666 en ce qui concerne les fossés établis le long des routes nationales, car nous les considérons comme une dépendance et un accessoire de ces routes elles-mêmes. Cette solution résulte implicitement de l'arrêt du Conseil du roi du 3 mai 1720, art. 4, reconnu comme étant toujours en vigueur par la jurisprudence du Conseil d'État, qui met à la charge des propriétés riveraines de ces grandes voies de communication l'obligation de recevoir le jet des fossés ou le produit de leur curage, et qui établit par cela même une véritable servitude légale d'utilité publique. Il convient d'ajouter que les termes de l'art. 666 ne sauraient s'appliquer à cette hypothèse. En parlant d'héritages, la loi a certainement entendu désigner les fonds de terre qui passent entre des mains différentes par suite de décès, et comme faisant partie d'une hérédité, expression qui ne saurait convenir aux routes appartenant à la nation, et à l'occasion desquelles l'État, personne morale qui ne peut pas mourir, n'a qu'une mission de conservation et d'entretien.

Cette considération nous fera résoudre de la même manière la question lorsqu'il s'agira d'un fossé creusé entre une propriété privée et une forêt domaniale. Sans doute, la forêt fait bien partie du domaine privé de l'État, qui peut, en sa qualité de propriétaire, la louer ou l'aliéner; mais on ne saurait encore reconnaître à ces grandes masses de bois la qualification d'héritage, par ce motif que l'État, propriétaire et personne morale, ne meurt pas. De plus, il existe des textes législatifs qui lèvent toute espèce de doute à ce sujet. La célèbre ordonnance de 1669 sur les eaux et forêts, rendue sous Louis XIV (tit. xxvii, art. 4), qui n'est qu'une suite de l'édit de François Ier, donné à Arques au mois d'août 1545, ordonnant que *ses* forêts seraient bornées pour obvier aux entreprises, et qui n'avait pas reçu une complète exécution, disposait que tous les riverains possédant bois joignant les forêts ou buissons du roi seraient tenus de séparer leurs héritages par des fossés de quatre pieds de largeur sur cinq de profondeur, et de les entretenir à cet état à leurs frais, sous peine de réunion de leurs terres. Les gardes-bois devaient faire des visites trimestrielles, et contraindre les propriétaires au rétablissement de ceux qui seraient dégradés, à peine d'en répondre en leur propre nom. Pecquet et Jousse, dans leur Commentaire sur cette ordonnance de 1669, ajoutent même que ces fossés creusés par les riverains devaient se prendre sur leur propre terrain, et la terre en provenant être rejetée du côté du roi; mais c'est là, à notre avis, une disposition trop sévère, surtout devant le texte de cette ordonnance, et que son obscurité ne pourrait même pas autoriser. (Décr. minist. du 3 therm. an VI). Cette même ordonnance voulait qu'aux frais des communes usagères il soit fait des fossés suffisamment larges et profonds le long des chemins où les bestiaux vont pâturer, afin de les empêcher d'entrer dans les jeunes taillis.

Il est à remarquer que cette ordonnance, malgré l'existence d'un arrêté du Directoire en date du 19 pluv. an VI, qui en exigeait l'exécution, ne fut jamais appliquée, à cause de sa sévérité même; elle a pourtant subsisté comme loi de l'État jusqu'au 31 juillet 1827, époque de la promulgation de notre Code forestier. L'art. 8 de ce dernier Code, généralisant le principe que tout propriétaire peut obliger son voisin au

bornage de leurs propriétés contiguës, établit que
l'action en séparation peut être intentée soit par
l'État contre le propriétaire riverain, soit par ce dernier contre l'État. Cet article ne doit cependant pas
être isolé, et il faut le combiner avec la disposition
de l'art. 14 du même Code, qui porte que, lorsque la
séparation ou la délimitation sera effectuée par des
fossés de clôture, ils seront exécutés aux frais de la
partie requérante, et pris en entier sur son terrain.
La présomption de l'art. 666 C. civ. ne saurait donc
s'appliquer aux fossés qui séparent une forêt domaniale d'un héritage particulier.

Après avoir posé le principe de la mitoyenneté, la
loi déclare que la présomption en doit cesser lorsqu'il y a titre ou marque du contraire. L'art. 668
C. civ. ne mentionne qu'une seule marque de non-
mitoyenneté, la levée du fossé n'existant que d'un
seul côté ; et il décide que, dans ce cas, le fossé appartient en entier au propriétaire du côté duquel se
trouve le jet de la terre.

Nous suivons ici la même théorie que celle que
nous avons déjà adoptée sur l'art. 654 : la loi n'indiquant qu'une seule marque qui puisse prouver la
propriété exclusive de l'un des voisins, les magistrats
n'ont pas le pouvoir d'en reconnaître d'autres.

L'art. 668 n'est que la reproduction des termes
des Coutumes que j'ai déjà citées, qui ajoutaient : à
moins que le jet de la terre provenant du fossé ne
soit entièrement d'un seul côté. Dans ce cas-ci, on
présume que le fossé appartient au propriétaire sur
lequel la terre a été jetée .C'est ce qui faisait dire à

Loysel : Qui a douve, si a fossé (*Inst.*, Cout., liv. II, tit. III). La douve, c'est le rejet et la levée du fossé. C'est ce qu'exprime encore Guy-Coquille (t. II, n° 298) dans les termes suivants : La commune usance est que celui qui fait un fossé aux confins de son héritage, pour le garder, jette la terre issant dudit fossé de son côté, en sorte que l'autre bord fait l'extrémité du confin : d'où vient la règle que le fossé appartient pour le tout à celui du côté duquel est le jet, c'est-à-dire la terre qui a été jetée du fossé; et si le jet se trouve tant de part et d'autre, ou qu'il n'en apparaisse pas, la présomption est que le fossé est mitoyen entre les deux voisins.

Et cette présomption, reproduite par notre Code dans l'art. 668, a sa raison d'être. De deux choses l'une : ou la terre provenant du fossé est bonne, et l'on ne peut alors sérieusement supposer que l'un des voisins en ait abandonné la totalité à l'autre propriétaire, car il a dû exiger de son côté la moitié de la levée, parce qu'elle pouvait lui être de quelque utilité ; ou, au contraire, le dépôt du curage ne peut être qu'une charge et qu'un embarras : on ne peut encore supposer qu'un seul des propriétaires ait consenti à le recevoir tout entier sur son fonds, puisqu'il pouvait contraindre son voisin à supporter pour sa part les inconvénients qui pouvaient en résulter.

Le jet de la terre d'un seul côté doit, pour faire tomber la présomption légale écrite dans l'art. 668, avoir au moins une année de date. On ne saurait admettre qu'un voisin pût s'attribuer instantanément la propriété exclusive d'un fossé, en le faisant curer clandestinement, et en faisant faire la levée de son côté. Si donc ce fait se produisait, l'autre propriétaire aurait un an pour agir au possessoire, à l'effet de se faire maintenir dans la copropriété indivise de ce fossé ; passé ce délai sans protestation de sa part, comme il est coupable de négligence, il doit en supporter les conséquences, à moins que, même après cet espace d'une année, et cependant avant trente ans, il agisse au pétitoire et administre la preuve du droit qu'il invoque, de sa propriété exclusive.

Il faut aussi considérer comme mitoyennes les venelles ou rues étroites qui existent encore, dans certaines localités, entre les habitations, par exemple dans l'ancienne province du Béarn, et qui ont pour destination de recevoir le stillicide des maisons et de faciliter l'écoulement des eaux ménagères. Les mêmes motifs qui ont déterminé le législateur à présumer la mitoyenneté des fossés doivent également s'appliquer à ces venelles établies dans l'intérêt commun et réciproque des habitations (Cour de Pau, arrêt du 29 mars 1867).

§ V.

Régime des cours d'eau.

Ne pourrait-on pas, argumentant des termes mêmes de l'art. 666, et en prenant sa disposition dans un sens beaucoup plus large et plus étendu, soutenir que les ruisseaux et les rivières, qui ne sont ni navigables ni flottables, sont mitoyens entre les propriétaires riverains? Il faut avouer que cette décision paraîtrait la plus conforme à la nature même de ces cours d'eau, puisqu'on ne peut aller jusqu'à les classer parmi les dépendances du domaine public. Cette doctrine pourtant heurte trop ouvertement le texte de certains articles du Code civil et de quelques lois spéciales pour permettre de l'adopter. C'est d'abord l'art. 561 du Code civil, qui décide que, dans les rivières ni navigables ni flottables, les îles, îlots ou attérissements qui s'y seraient formés, appartiennent au propriétaire riverain du côté où ils existent. Cette disposition repousse à elle seule toute idée de copropriété indivise sur ces cours d'eau, car, si nous les supposions mitoyens, il faudrait accorder sur ces îles, îlots ou attérissements un droit de communauté et d'indivision en faveur des propriétaires riverains, sans rechercher s'ils se sont formés d'un côté ou de l'autre de la rivière. On peut encore citer la loi du 15 avril 1829, qui, dans son art. 2, attribue aux propriétaires riverains le droit de pêche dans les rivières qui ne sont ni navigables ni flottables, à chacun de son côté jusqu'au milieu du cours d'eau, disposition qui elle aussi est contraire à la nature d'un droit indivis de mitoyenneté, qui devrait porter sur la totalité et sur chacune des parties de la chose mitoyenne, sans pouvoir être divisé et ne s'étendre *pro diviso* que sur la moitié de cette chose intermédiaire.

Puisque nous sommes forcés, par des textes précis, à convenir que les rivières ni navigables ni flottables ne constituent pas une clôture mitoyenne, il nous faut rechercher quelle est leur véritable nature et le régime qui leur est propre. Nous reconnaissons bien qu'elles forment une clôture, qu'elles sont même un objet intermédiaire servant de séparation à deux héritages; mais ce que nous leur contestons, c'est d'avoir les caractères distinctifs inhérents à la mitoyenneté.

Sur cette importante question du régime des cours d'eau, quatre systèmes sont en présence :

1° Ce sont des dépendances du domaine public (Proudon, Merlin, Foucart). Cette doctrine viole ouvertement l'art. 538 C. civ., qui ne classe comme faisant partie du domaine public que les rivières navigables ou flottables ; son silence au sujet des autres ne saurait autoriser cette assimilation. Ces cours d'eau formeraient donc une sorte de propriété publique comme la petite voirie. Les partisans de ce système se fondent sur ce qu'un avis du Conseil d'État du 27 pluv. an XIII, approuvé le 30 du même mois, en accordant un droit de pêche aux riverains, déclare cependant qu'ils ne sauraient plus y prétendre dans le cas où, par la suite, la rivière deviendrait navigable ; ils font aussi remarquer que l'art. 563 C. civ. dispose du tréfonds pour en attribuer la propriété à d'autres qu'aux riverains.

2° La propriété du lit où le tréfonds appartient aux riverains ; l'eau, chose commune, n'est à personne (Cormenin). Cette manière de voir est en contradiction flagrante avec l'art. 552 C. civ., aux termes duquel la propriété du sol emporte la propriété du dessus et du dessous.

3° Les propriétaires riverains ont tout à la fois la propriété du lit et celle de l'eau courante (Troplong, Toullier, Garnier). On invoque ici l'art. 561 qui attribue la propriété des îles aux riverains, et l'art. 644 qui leur permet de détourner l'eau lorsqu'ils sont propriétaires sur les deux rives, à la seule charge de la rendre, à la sortie de leurs fonds, à son cours ordinaire. Ce système diverge : Troplong, par exemple, soutient que, sous la féodalité, les cours d'eau appartenaient aux seigneurs hauts-justiciers, pour les dédommager des charges dont ils pouvaient être grevés à cette occasion; puis qu'après la ruine de la féodalité, le silence du Code, qui ne parle que des rivières navigables ou flottables, ne peut s'expliquer sur les autres qu'en disant qu'il en a remis et abandonné la propriété aux riverains. On invoque également à ce sujet un arrêt rendu à la table de marbre de Paris le 16 septembre 1759, et les arrêts du parlement de Dijon du 1er avril 1720 et du 20 août 1746, d'où il résulte que les riverains n'avaient pas le droit de prendre dans les rivières du sable ou des pierres sans la permission du seigneur. On soutient d'un autre côté que, dans l'ancien droit, les riverains indistinctement étaient propriétaires des cours d'eau, et que, le Code ne s'étant point expliqué à cet égard, on ne saurait aujourd'hui leur refuser le même droit. Les origines, on le voit, ne sont pas les mêmes, le point de départ est différent, mais les conclusions et les conséquences sont absolument identiques.

4° La propriété du lit et du cours d'eau n'appartient à personne, pas même aux riverains : ce sont des choses *nullius*, auxquelles se réfère l'art. 714 du Code civil (M. Th. Ducrocq, à son cours). Ce quatrième système, que nous adoptons, a été consacré par une jurisprudence constante du Conseil d'État et de la Cour de cassation (Cons. d'Ét., arrêts des 17 déc. 1845, 13 août 1851, 18 av. 1866 ; C. de cass., arrêts des 10 juin 1846, 8 mars 1865), et nous allons essayer de démontrer qu'il est le seul qui soit compatible avec l'ensemble de notre législation moderne.

Les cours d'eau ni navigables ni flottables doivent donc être rangés dans la classe des choses qui n'appartiennent à personne et dont l'usage est commun à tous (art. 714 C. civ.), sauf règlement de cet usage par des lois de police. Et de ce que le lit n'appartient à personne, pas plus aux riverains qu'à tous autres, il en résulte que les propriétés privées finissent là où commence la rivière. Je trouve le premier germe de cette doctrine et la première trace de l'expression de la vérité juridique dans ces paroles que prononçait M. Arnould devant l'Assemblée constituante, au nom de ses comités : « Le droit du propriétaire de la glèbe ne s'étend pas au-delà des limites de son champ ; le cours d'eau qui en baigne les bords le confine, mais n'en fait point partie ; quand même le propriétaire posséderait l'une et l'autre rive, sa propriété particulière se trouverait divisée par l'interposition de la chose commune. » J'ajouterai aussi les paroles de M. Dufour, qui, dans une autre circonstance, a pu dire de son côté : « La propriété des ri-

vières non navigables était, dans l'ancien droit, trop
équivoque pour que l'Assemblée constituante ait pu
être gênée dans le choix des mesures qui lui parais-
saient commandées par les besoins publics, et il est
certain qu'elle était dans son droit d'en disposer. »

Disons-le de suite, le droit de propriété privée s'ac-
commoderait mal avec le droit de police que l'on doit
nécessairement reconnaître à l'État sur toute eau
courante. La propriété 'n'a de limites que celles qui
résultent de la loi ; en dehors des prohibitions légales,
le propriétaire peut tout : il use et il dispose de sa
chose comme bon lui semble, il en est le maître
absolu. Cette faculté n'est pas, au reste, aussi dan-
gereuse qu'elle peut le paraître ; l'intérêt du propriétaire lui sert de contre-poids. Mais la loi n'aurait pas
pu, sans être tyrannique, régler tous les faits particuliers qui constituent l'exercice du droit de propriété ; et pourtant l'État exerce sur tout cours d'eau
un droit de surintendance et de police auquel nul ne
peut se soustraire.

Passons aux textes législatifs actuellement en vigueur : l'art. 556 déclare que l'alluvion profite aux
propriétés riveraines ; l'art. 557 leur concède les relais qui ont pu se former, et l'art. 561 attribue aux
riverains la propriété des îles qui naissent dans le
lit de la rivière. Ces dispositions seraient inutiles, et,
dans un même chapitre, trois articles sur quatre
pourraient, sans inconvénient aucun, être retranchés,
si on admet que ceux dont les héritages sont baignés
par les cours d'eau en ont déjà la propriété : ce ne
serait plus là qu'une répétition superflue de l'ar-

ticle 546, qui porte que la propriété d'une chose, soit mobilière soit immobilière, donne droit sur tout ce qu'elle produit et sur tout ce qui s'y unit accessoirement. L'art. 644 ne serait encore lui-même que l'expression, sous une autre forme, de ce principe, lorsqu'il permet aux riverains d'user de l'eau à son passage pour l'irrigation de leurs propriétés.

Il a fallu un texte, l'art. 560, pour faire comprendre dans le domaine privé de l'État les îles qui peuvent se former dans les rivières navigables ou flottables, et qui, sans cela, auraient fait partie du domaine public par l'application de cette règle de droit : *Accessorium sequitur principale*. Il a fallu également un texte, l'art. 561, pour attribuer la propriété des îles des cours d'eau ni navigables ni flottables aux riverains ; car, sans cette disposition législative, elles auraient conservé leur caractère de choses *nullius*, et seraient tombées sous l'application de l'art. 714. De cette façon, nous expliquons l'utilité de l'art. 561 et même sa nécessité, tandis que, dans le système que l'on nous oppose, on est forcé de convenir que ces textes de nos lois sont superflus, puisqu'ils ne seraient qu'un corollaire inévitable de l'art. 546. Les riverains des cours d'eau n'en sont donc pas propriétaires : ce sont des usagers ; et comme ceux qui n'ont qu'un droit à l'usage d'une chose ne peuvent la partager, les riverains sont tenus de rester perpétuellement dans l'indivision ; le législateur, pour obvier autant que possible aux inconvénients de cette communauté forcée, institue une autorité supérieure, chargée de réglementer et de concilier ces intérêts

divers et souvent hostiles. Si j'étais réellement propriétaire de l'eau , aurais-je à ménager le droit des
riverains inférieurs? La loi serait-elle juste si elle
me privait d'une portion de l'exercice du droit inhé-
rent à toute propriété , du droit d'abuser et d'en
consommer la totalité ? Pour quels motifs ferait-elle
une exception lorsqu'il s'agirait de la propriété d'une
eau courante ?

Si le système qui considère les rivières comme
propriétés privées consacre cette inconséquence, son
injustice est bien plus grande encore lorsqu'il se
trouve en face de l'art. 563 C. civ. Une rivière
change de lit et envahit des héritages particuliers;
que fait alors la loi? Elle accorde , à titre d'indemnité , l'ancien lit abandonné aux propriétaires des
fonds sur lesquels la rivière s'est tracé un nouveau
cours, c'est-à-dire , d'après la théorie de ceux dont
nous combattons la doctrine , que la loi dépouille un
particulier de sa propriété privée, pour indemniser
un autre particulier qui vient de souffrir quelque
dommage ; c'est-à-dire que la loi autorise et ordonne
même une expropriation pour cause d'utilité privée,
et cela sans indemnité aucune : c'est le vol organisé
par le législateur ! Est-il possible d'imaginer un
système qui consacre une injustice aussi manifeste ?

Il n'y a pas de preuve plus éclatante de l'action
continuelle de la Providence sur tous les êtres vivants
que cette admirable création de l'eau qui coule sans
cesse au profit de l'humanité entière. Là, point de
privilége, elle coule pour tous au profit de tous. Les

10

mille contours et circuits des cours d'eau, distribuant
sur leur passage la fraîcheur et la vie, révèlent surtout cette pensée prévoyante d'une communauté
générale en faveur du genre humain. Mais de cette
volonté de distribution égalitaire résulte cette conséquence que le droit de l'un est limité par le droit
de l'autre ; le droit de toute personne sur ces cours
d'eau ne peut trouver de limite que dans ceux limitativement accordés aux riverains. On voit, en effet,
que le législateur leur a accordé certains droits exclu-
sifs, mais c'est un à un qu'il leur a fait cette concession : droit d'alluvion (art. 556 et 557), propriété des
îles (art. 561), droit de se servir de l'eau à son passage pour l'irrigation des terres (art. 644), droit
de pêche (L. 15 avril 1829) ; tout ce qui ne leur a
pas été concédé reste et demeure sous l'empire
de la règle qui gouverne les choses communes.
Ils ne peuvent usurper à leur profit des avantages
naturels, et dissiper dans leur intérêt égoïste une
dot providentielle qui constitue la fortune de
tous.

Grâce à cette doctrine si équitable, si fraternelle
de l'égalité dans l'usage des eaux, les petites rivières
sont aujourd'hui réglementées dans toute la France,
et, par suite de cette réglementation, tous les avantages que peuvent procurer les cours d'eau sont
aussi parfaitement que possible assurés aux riverains et au public tout entier. Or c'en serait fait de
toute possibilité de réglementation si, sur un cours
d'eau, il pouvait se trouver des parties restant dans
le domaine privé des riverains, ou si, en d'autres

termes, certains cours d'eau tout entiers pouvaient,
à raison d'anciennes coutumes particulières et locales, être considérés comme ayant été autrefois, et
comme étant encore aujourd'hui, l'objet de propriété
privée.

CHAPITRE IV.

DE LA FACULTÉ D'ACQUÉRIR LA MITOYENNETÉ.

Lorsque deux propriétés sont contiguës, l'intérêt bien entendu des deux voisins est d'avoir, sur la ligne séparative de leurs terrains, un mur qui leur serve de clôture. Un seul mur suffit ; pourquoi en construire deux ? Pourquoi doubler inutilement l'épaisseur de la construction, perdre une partie du sol, et rendre improductif un capital que l'on pourrait employer à toute autre chose avec plus d'avantage ?

Quel que soit le respect que le législateur proclame dans toutes ses dispositions pour le droit de propriété, quelque étendue qu'il lui accorde, il admet cependant que l'intérêt général puisse quelquefois faire fléchir ce droit. Dans certains cas, les particuliers sont dans l'obligation de sacrifier partiellement leur propriété, et la liberté naturelle du fonds se trouve restreinte et sa jouissance modifiée. De ce principe aussi qu'on ne peut refuser de permettre sur sa propre chose ce qui peut être utile aux autres, lorsque surtout on n'en éprouve soi-même qu'une légère incommodité, découle cette faculté, accordée par la loi à tout propriétaire, de pouvoir contraindre son voisin à lui céder la mitoyenneté du mur qui les sépare. La loi a voulu, par cette disposition, permettre à l'un des voisins de vaincre la résistance opiniâtre et sans motifs ou même la mauvaise hu-

meur que pourrait lui opposer l'autre propriétaire.
De là la disposition de l'art. 661 : Tout propriétaire
joignant un mur a de même la faculté de le rendre
mitoyen en tout ou en partie, en remboursant au
maître du mur la moitié de sa valeur, ou la moitié de
la valeur de la portion qu'il rend mitoyenne, et la
moitié de la valeur du sol sur lequel le mur est bâti.

Quel est le véritable caractère de cette opération
juridique, par suite de laquelle la mitoyenneté du
mur est acquise par l'un des voisins contre l'autre?
Est-ce une vente, ou une sorte d'expropriation
forcée?

Nous pensons qu'on ne saurait y voir une véritable
vente ; nous ne rencontrons pas d'ailleurs les éléments constitutifs de la vente : *res*, une chose, c'est
le mur sans doute; *pretium*, le prix, c'est ce qui doit
être payé au propriétaire; mais le troisième élément,
consensus, le consentement des parties, fait absolument défaut, du moins dans la personne du vendeur.
Consentir, c'est adhérer à une proposition qui nous
est faite ; et quand je veux tout seul, je ne consens
point. La volonté existe bien chez l'acheteur, mais
chez le vendeur elle est loin d'exister ; qu'il le veuille
ou ne le veuille pas, la vente se fera malgré lui; son
consentement est forcé, il n'est pas libre, la loi se
charge de consentir pour lui. Il ne s'agit pas là d'un
contrat librement consenti entre les parties, et il
faut considérer la position toute particulière du propriétaire, qui a construit le mur, à l'égard du voisin
qui en revendique la mitoyenneté; les règles ordinaires du contrat de vente, qui de sa nature est essen-

tiellement contractuel, ne sauraient être invoquées
pour régir cette véritable expropriation, dans laquelle
il serait difficile de trouver le principe de l'obligation
de garantie à laquelle on voudrait soumettre le vendeur (Arrêt de cass., ch. civ., 17 févr. 1864).

Qu'on suppose que c'est un copartageant qui,
quelques jours après le partage, acquiert la mitoyenneté du mur de la maison tombée dans le lot
de son cohéritier, et ce droit ne saurait lui être re-
fusé, le copartageant ne serait point fondé à venir
soutenir que cette cession qu'il exige de lui est une
sorte d'éviction partielle qu'il éprouve lui-même, et
dont il lui est dû garantie : *Quem de evictione tenet
actio, eumdem agentem repellit exceptio.* C'est que
dans le caractère de la cession de la mitoyenneté il y
a une nature mixte : vente au fond, je le veux bien,
mais de plus c'est une véritable expropriation forcée.
On peut dire aussi que garantie n'est jamais due pour
les servitudes légales.

Qu'on suppose encore que le mur fasse partie d'un
immeuble dotal, et par conséquent inaliénable et
imprescriptible pendant le mariage : si la cession de
la mitoyenneté n'est qu'une vente ordinaire, elle ne
saurait avoir lieu ; mais personne, je suppose, n'est
allé jusqu'à soutenir que le caractère de dotalité attaché à une maison pût servir de prétexte au mari ou
à la femme mariés sous ce régime, pour s'opposer à
ce que le voisin en puisse acheter la mitoyenneté.
Sans doute le prix reçu en échange sera dotal, et le
mari, en acquérant la propriété et la libre disposition en sa qualité de quasi-usufruitier, et devenant

débiteur d'une quantité, jouira du délai d'un an pour s'acquitter à l'époque de la dissolution du mariage (art. 1565 C. civ.). S'il s'agissait ici d'une véritable vente, l'art. 1554 C. civ. prohiberait cette cession dans cette hypothèse, puisqu'il défend à la femme, propriétaire de ses immeubles dotaux, de les hypothéquer ou de les vendre, même avec l'autorisation de son mari.

L'art. 1595 C. civ., qui prohibe de son côté, d'une façon générale, la vente entre époux, ne ferait pas non plus obstacle à la cession de la mitoyenneté de la part de l'un des conjoints en faveur de l'autre : l'intérêt public, qui a fait établir le principe contenu dans l'art. 661, ne saurait fléchir devant la disposition de l'art. 1595, qui n'a eu en vue qu'un simple intérêt particulier.

De même encore, aux termes de l'art. 1596 C. civ., le tuteur ne peut pas se rendre acquéreur des biens de son mineur ; la loi n'a pas voulu le placer entre son intérêt et son devoir, parce qu'elle sait que trop souvent la lutte se termine par le sacrifice du devoir. Elle considère qu'il serait porté à déprécier les biens et à éloigner les enchérisseurs pour pouvoir se les approprier plus facilement à vil prix, et s'enrichir ainsi au préjudice de celui qu'il doit protéger, et dont il est chargé de faire fructifier et augmenter la fortune. On ne saurait argumenter de cet art. 1596 pour soutenir que la cession de la mitoyenneté ne pourrait pas avoir lieu en pareil cas. Dans l'hypothèse qui nous occupe en ce moment, on peut faire remarquer que les mêmes considérations, invoquées tout à l'heure, n'ont plus la même portée, et qu'il s'agit d'ailleurs d'une servitude légale dont rien ne saurait entraver l'exercice. C'est un acte d'aliénation, cela est vrai ; aussi non-seulement l'avis du conseil de famille sera nécessaire, mais il faudra de plus obtenir l'homologation du tribunal ; de cette façon, les intérêts du mineur seront suffisamment sauvegardés.

Nous admettons cependant que le vendeur de la mitoyenneté, non payé, peut demander la résiliation du contrat, non pas d'après les termes de l'art. 1654 C. civ., au titre de la vente, mais en invoquant le texte beaucoup plus large de l'art. 1184 du même Code, qui suppose la condition résolutoire toujours sous-entendue dans les contrats synallagmatiques, lorsque l'une des parties n'exécute pas son engagement. Et, remarquons-le bien, cet art. 1184 s'applique à tous les contrats nommés ou innommés, à toutes les conventions qui peuvent intervenir entre les particuliers. Partout où l'une des parties manque d'exécuter les conditions auxquelles elle s'est engagée, et sous la foi desquelles l'autre partie avait contracté, que l'inexécution soit volontaire ou qu'elle résulte d'un cas fortuit, insuffisant cependant à produire la libération du débiteur, l'obligation de la partie envers laquelle il y a inexécution manque évidemment de cause, dans un cas comme dans l'autre. Et qu'on ne m'objecte pas qu'après la résiliation prononcée, l'acheteur, invoquant de nouveau la disposition de l'art. 661, exigera encore une fois que la mitoyenneté lui soit cédée, puisque dans ce cas le vendeur, qui sera, nous le reconnaissons, obligé de consentir, pourra réclamer un payement préalable et s'opposer à tout travail ou entreprise sur le mur tant que les conditions exigées par la loi n'auront pas été remplies. Car, si l'indemnité doit être payée préalablement dans le cas d'expropriation pour cause d'utilité publique (art. 545 C. civ.), il n'y a pas de raison à faire moins quand l'intérêt privé est seul mis en jeu.

De ce que la cession de la mitoyenneté n'est pas une vente proprement dite, mais un contrat *sui generis,* qui se rapproche de l'expropriation forcée, le propriétaire, créancier en vertu d'un jugement ou d'une convention du prix de la mitoyenneté d'un mur, ne peut point invoquer le privilége que l'article 2103, § 1er, du Code civil accorde au vendeur non payé. L'art. 661 ne lui accorde qu'une action personnelle, et le privilége de l'art. 2103 ne peut être invoqué que lorsque la vente a été purement volontaire ; il y a eu expropriation dans l'intérêt de la propriété privée, et l'aliénation, pour être forcée, perd le caractère de vente.

Comme autre conséquence, les créanciers hypothécaires n'auraient point un droit de suite ; ce droit serait trop contraire à l'esprit de la loi. Toutefois le débiteur devrait leur distribuer son prix ou tout au moins obtenir leur consentement, pour qu'il puisse, sans danger, se libérer entre les mains de son vendeur ; mais il ne serait point obligé de remplir les formalités de la purge.

L'art. 661 ne se réfère qu'aux murs ; aussi croyons-nous que l'acquisition forcée de la mitoyenneté est une faculté exorbitante qui ne saurait autoriser des arguments par analogie, et qui ne pourrait se suppléer quand la loi ne la donne pas d'une manière expresse. Et puisqu'elle ne l'accorde positivement que pour les murs, on ne saurait invoquer sa disposition au sujet d'une haie ou d'un fossé : il n'y a point identité d'un cas à l'autre, c'est une exception admise pour les murs : *Exceptiones strictissimæ interpretationis sunt.* Encore pourrait-on ajouter que cette faculté n'est accordée que lorsque le mur joint immédiatement l'héritage voisin, circonstance qui ne se rencontrera jamais pour les haies, puisque, aux termes de l'art. 671 du Code civil, le propriétaire qui veut en planter une sur son propre terrain doit laisser un certain espace, cinquante centimètres, entre sa haie et la propriété contiguë. Il résulte de la disposition de cet article que, légalement parlant, l'autre voisin ne pourra pas la rendre mitoyenne. Quelle utilité, d'ailleurs, en résulterait-il pour lui, puisqu'il est déjà clos de ce côté par la haie ou le fossé, quoiqu'il n'en soit pas propriétaire ? Pas d'intérêt, pas d'action.

§ I.

Du cas où le mur sépare des héritages privés.

La seule condition à laquelle la loi subordonne l'achat de la mitoyenneté est, outre la volonté d'acquérir, le payement de la moitié de la valeur actuelle du mur et de la moitié de celle du sol sur lequel il repose. Ce n'est pas ce qu'a coûté la construction du

mur, mais la moitié de sa valeur au moment de l'a-
chat que doit rembourser l'acquéreur (arrêts du parlement de Toulouse du 15 mars 1582 et du 12 décembre 1592) ; car le prix d'une chose que l'on vend est,
comme le dit Pothier (*Contrat de société*, n° 254),
celui qu'elle vaut au moment de la vente. Si les voisins s'entendent sur le montant de l'indemnité à payer,
aucune difficulté n'est possible ; dans le cas contraire,
celui qui veut user de la faculté que lui accorde l'article 661 devrait provoquer une expertise. Alors, si
l'autre voisin veut bien y assister, le prix du mur se
trouvera ainsi déterminé ; mais s'il n'obtempère pas
à cette première sommation, il faudrait lancer un
exploit d'ajournement contenant des offres. Si le
chiffre fixé par l'expertise est égal ou ne dépasse pas
le montant des offres, les frais de cette procédure
devront rester à la charge de celui des voisins qui,
par sa faute, l'a rendue nécessaire ; si les experts
indiquent un chiffre plus élevé, les dépens de l'instance devront rester à la charge du demandeur. Le
propriétaire primitif aurait, sans aucun doute, le droit
de s'opposer à toute entreprise sur le mur avant le
payement de l'indemnité qui lui est due. La Coutume
d'Orléans avait déjà une disposition semblable lorsqu'elle portait dans son art. 227 : Et peut être em
pêché jusques à ce qu'il ait payé.

Peu importe la nature du mur : qu'il sépare deux
bâtiments ou un bâtiment d'une cour ou d'un jardin,
qu'il soit situé à la ville ou à la campagne, la loi
ne distingue pas, et les raisons sont partout les
mêmes : la nécessité, dans les villes, de ne pas

laisser entre chaque maison des ruelles aussi dis-
gracieuses à la vue que compromettantes pour l'ordre
public, l'embellissement des villes dont les rues pré-
senteront un aspect plus agréable, l'économie du
terrain, l'avantage qui en résulte pour les particuliers eux-mêmes, pour lesquels les frais de construction se trouveront allégés. Peu importe encore que
le mur ait plus de trente années d'existence, car les
actes de pure faculté ne sont pas susceptibles de
pouvoir être prescrits (art. 2232, C. civ.). L'achat de
la mitoyenneté est un droit que la loi confère à
chaque voisin, et chacun d'eux peut l'exercer quand
bon lui semble et à quelque époque que ce soit.

Le propriétaire qui, usant de la faculté que lui
accorde l'art. 656 du Code civil, a même abandonné
son droit indivis, pour se soustraire aux frais de réparation et d'entretien, peut encore, dans la suite,
acquérir la mitoyenneté de ce mur, car le principe
que consacre l'art. 661 est général dans ses termes
et ne souffre aucune exception ; d'ailleurs, après
cet abandon, il se trouve exactement dans la même
position que s'il n'avait jamais eu aucun droit antérieur sur le mur.

L'art. 660 déroge pourtant à la solution donnée
par l'art. 661, lorsque c'est l'exhaussement du mur
que l'on veut rendre mitoyen, la partie inférieure
ayant déjà ce caractère : dans ce cas, il faut rembourser la moitié de ce qu'a pu coûter le mur. Le
but de la loi, dans cette hypothèse, a été de prévenir une fraude qui aurait pu devenir assez fré-
quente : un mur mitoyen existe, et l'un des copro-

priétaires le fait exhausser seul à ses frais; peu de temps après, l'autre voisin, invoquant la disposition de l'art. 661, lui en achète la mitoyenneté : que doit-il lui payer ? La moitié de la valeur actuelle du mur, si l'on s'en tenait aux termes rigoureux de l'article 661 ; mais l'art. 660 décide avec raison que, dans cette circonstance, il devra payer la moitié de toute la dépense occasionnée par l'exhaussement du mur. Le prix de la main-d'œuvre étant le plus souvent, pour ne pas dire toujours, supérieur à la valeur de la construction, l'un des voisins, sans cette disposition, aurait pu s'enrichir frauduleusement au préjudice de l'autre. Ce serait, dans tous les cas, juger d'après l'esprit de la loi que de décider que, pour un exhaussement fort ancien, l'acquéreur ne serait obligé de payer que la moitié de sa valeur actuelle, les projets de fraude ne pouvant même pas être soupçonnés.

Le mur doit joindre immédiatement l'autre propriété. Si donc il existe entre ce mur et l'autre héritage un sentier, un cours d'eau, un chemin public ou un espace vide quelconque, l'art. 661 ne peut plus être appliqué. Supposons toutefois qu'il soit prouvé que le mur n'a pas été construit aux confins de l'héritage, et qu'il existe au delà une langue de terre de faible étendue, deux pouces si l'on veut, car cette espèce s'est présentée devant les tribunaux (Bourges, déc. 1837) : il est hors de doute, dans cette circonstance, que le constructeur n'a eu d'autre but, en bâtissant son mur de cette façon, que d'éluder la disposition de la loi, puisque l'espace laissé libre ne peut lui servir, ni pour faire réparer le mur de ce côté, ni pour y appuyer des échelles. Aussi, comme on ne saurait favoriser la fraude, *malitiis hominum non est indulgendum*, et considérant que presque rien, en droit, c'est rien (art. 1770 C. civ.), il faudrait permettre à l'autre voisin d'acquérir la mitoyenneté du mur, en payant en plus la valeur totale de cet espace de terrain qui deviendrait dès lors sa propriété exclusive.

La même utilité ne se retrouvant plus lorsqu'il s'agit d'une simple clôture en planches, qui par sa nature n'est pas appelée à durer bien longtemps, on décide que le propriétaire qui l'a établie ne peut être contraint d'en céder la mitoyenneté, et que s'il y consent, c'est qu'il le veut bien. Aucun texte ne l'y oblige, et ce ne sera là qu'une convention volontaire intervenue entre les deux voisins, convention qui devra produire tous ses effets, comme ne renfermant rien de contraire à l'ordre public.

Le voisin qui achète la mitoyenneté n'est pas tenu d'indiquer pourquoi il la veut acheter. La volonté d'acquérir suffit pour faire accueillir sa demande (Pothier, *Contr. de soc.*, n° 248) ; et, alors même qu'il n'aurait pas l'intention de bâtir contre le mur, son voisin peut se trouver contraint de lui en céder la mitoyenneté. Bien plus, il devrait encore être écouté, lorsque l'achat qu'il veut faire n'aurait d'autre résultat que de lui donner le droit de faire boucher les jours de souffrance qui peuvent y avoir été pratiqués, même depuis plus de trente ans. Cette proposition est contestée. Lorsque le propriétaire avait un droit exclusif sur le mur, il avait certainement, dit-on, la faculté d'ouvrir ces jours ; et comment se peut-il qu'un fait, licite à l'origine, puisse devenir plus tard illicite, par ce motif qu'il plaît à l'autre voisin d'acquérir la mitoyenneté ? Du reste, a-t-on ajouté, il ne peut acheter le mur que tel qu'il est et dans son état actuel ; et si, en thèse générale, la règle *potior causa prohibentis* doit s'appliquer entre communistes, quoi de plus naturel que de l'invoquer encore ici, puisque le propriétaire originaire de la construction, loin d'exiger qu'il soit fait des innovations, demande au contraire à ce que l'ancien état du mur soit maintenu.

Nous ne saurions admettre une semblable théorie. Le législateur, en autorisant un propriétaire à acquérir la mitoyenneté, a voulu qu'il fût exactement dans la même situation que si, à l'origine, le mur eût été mitoyen, parce qu'il aurait été construit à frais communs ; il a voulu qu'après l'achat de la mitoyenneté les deux voisins fussent sur le même pied de la plus parfaite égalité. Le seraient-ils si l'un d'eux pouvait s'opposer à la suppression de jours de souffrance qui existeraient antérieurement ? La position serait-elle égale s'il était impossible à l'un d'eux de pouvoir s'affranchir de ce droit de vue que son voisin peut continuellement exercer sur son fonds ? Sans doute, me dira-t-on, des inconvénients pourront en résulter pour le propriétaire qui sera contraint de supprimer ces jours qu'il avait établis *jure dominii;* quelques-uns de ses appartements vont peut-être ainsi se trouver privés de lumière.

Mais cette objection n'est point sans réplique : il a
dû prévoir que son voisin userait, un jour ou l'autre,
de la faculté que lui accorde l'art. 661 ; il a dû, dans
cette prévision, distribuer sa maison de manière à
pouvoir au besoin, et sans grand dommage pour lui,
se passer de ces ouvertures : c'était à lui à prendre
à l'avance ses précautions en vue de cette éventualité
possible. Enfin un dernier argument, qui tranche à
lui seul toute la question, c'est que la doctrine que
nous combattons admet pourtant que celui qui a
acquis la mitoyenneté peut élever une construction
contre le mur devenu mitoyen, et boucher par ce
procédé indirect les jours de souffrance. Cette concession, qu'on ne peut cependant pas s'empêcher de
faire, ruine le système dans son entier ; car quels
motifs invoquer pour soutenir que ce qu'il vous est
permis de faire indirectement, la loi vous défend d'y
procéder ouvertement et directement ? De plus, il ne
s'agit pas de savoir ce qu'était le mur avant la cession de la mitoyenneté ; il faut considérer ce qu'il est
actuellement : c'est maintenant un mur mitoyen, et
il ne doit exister dans un tel mur aucun jour pra-
tiqué par l'un des voisins que du consentement exprès
de l'autre propriétaire (art. 675 C. civ.). La Cour de
Paris est allée jusqu'à juger, à bon droit (arrêt du
9 janv. 1863), que le voisin qui vient d'acheter la
mitoyenneté d'un mur peut légitimement exiger la
suppression des cheminées placées dans son épaisseur.
(contra, Cour de Poitiers, 28 déc. 1841).

Comme conséquence, on doit conclure que les
frais nécessaires pour la suppression de ces jours

devront être supportés en commun par les copropriétaires du mur : ce n'est là, en définitive, qu'une
clôture partielle à élever entre eux.

Nous admettrions une solution opposée dans le
cas où il existerait des fenêtres d'aspect ouvrantes,
pourvu cependant que leur existence remontât à plus
de trente ans, ou que les deux fonds, primitivement
réunis, aient été ensuite séparés; car alors la destination du père de famille (art. 692 C. civ.) équivaudrait à un titre pour cette véritable servitude de vue
sur l'héritage contigu. C'est pourquoi, s'il n'y a ni
titre ni possession suffisante, c'est-à-dire trente ans,
ou dix à vingt ans si l'on suppose la bonne foi unie à
un juste titre chez celui qui prescrit (art. 2262, 2265,
2266 C. civ.), il est clair que la suppression des fenêtres établies dans le mur devenu mitoyen pourra
être demandée et exigée, puisque le voisin pourrait
également la requérir, alors même qu'il n'aurait pas
acquis la mitoyenneté.

Les jours de souffrance de l'art. 676 du Code civil,
c'est-à-dire les jours ou fenêtres à verre dormant et
à fer maillé pratiqués à la hauteur déterminée par
l'art. 677, ne sont que l'exercice normal du droit de
propriété, et ne constituent point une contradiction
au droit du propriétaire voisin; ils ne peuvent être
convertis par un laps de temps quelconque, au préjudice de celui-ci, en une servitude pouvant faire
obstacle à l'acquisition de la mitoyenneté; mais les
autres ouvertures qui ne réuniraient pas toutes les
conditions mentionnées dans les art. 676 et 677,
constituant dès lors une véritable entreprise sur le

11

droit du propriétaire voisin, et l'interpellant énergiquement à en demander la suppression en temps
utile, s'opposeraient invinciblement à l'achat de la
mitoyenneté, qui aurait pour effet nécessaire de les
anéantir. Ces ouvertures se trouveraient transfor-
mées, par la possession trentenaire, en une véritable servitude de jour, *luminum*, ou d'aspect, *ne
luminibus officiatur,* et elles seraient incompatibles
avec toute idée de mitoyenneté.

Le voisin peut acquérir la mitoyenneté d'un mur
dans l'une de ses parties seulement, par exemple pour
la portion unique qui peut lui être de quelque utilité
dans la construction d'un bâtiment qu'il se propose
d'établir : ceci résulte implicitement d'ailleurs des
termes de l'art. 655, qui met à la charge des copropriétaires la réparation du mur proportionnellement
aux droits qu'ils peuvent y prétendre. L'indemnité à
payer, dans cette circonstance, sera d'abord la moitié
de la valeur de la partie devenue mitoyenne, puis la
moitié de la valeur du sol sur lequel est bâti le mur.
Ce dernier élément est fixe et ne peut changer, alors
même que l'on n'achèterait la mitoyenneté que pour
partie dans la hauteur du mur : un mur ne saurait
exister, quelle que soit sa hauteur, sans le sol qui le
soutient.

Celui qui acquiert la mitoyenneté d'un mur doit
une indemnité suivant sa valeur réelle, et non pas
suivant la valeur inférieure qu'il pourrait avoir pour
suffire à l'usage que cet acquéreur veut en faire
(Cour d'Aix, 22 nov. 1866). A cette occasion, on s'est
demandé si l'on pouvait acquérir la mitoyenneté d'un

mur pour partie seulement de son épaisseur. L'épaisseur, dit très-bien Demante (t. II, p. 515), de même que la solidité et la bonne construction, constitue la substance même du mur, et l'acquéreur, qui en profite, doit par conséquent la payer. L'épaisseur du mur, c'est en effet le mur lui-même, tel qu'il existe.

On s'est encore demandé si, dans le cas où le mur est plus épais qu'un mur de clôture, lorsqu'il est bâti avec des matériaux plus solides, mais aussi d'un prix plus élevé que ceux qui sont d'habitude employés à ce genre de construction, le voisin qui use de la faculté de l'art. 661 doit payer la moitié de la valeur de ce mur tel qu'il se comporte, ou, au contraire, la moitié du mur qui existerait s'il eût été construit dans les circonstances ordinaires. Ainsi, par exemple, un acquéreur serait-il fondé à payer, comme mur en moellons, un mur construit en briques, par ce motif que ce dernier mode de clôture ne peut lui présenter aucun avantage ? Notre solution est toujours la même : un mur existe ; un voisin veut en acheter la mitoyenneté, il est évident qu'il doit l'acheter tel qu'il est. Comprendrait-on, par hasard, l'achat d'un mur qui n'existerait pas ? Ou qu'un des propriétaires offrît de payer comme mur en moellons et au mortier une clôture composée de briques reliées par du ciment ? Le mur qu'il achète est nécessairement plus solide et plus durable qu'un simple mur ordinaire ; qu'il ne vienne donc pas soutenir que ce genre de construction ne peut lui profiter en aucune façon, parce que, s'il l'achète un peu plus cher, les réparations seront moins fréquentes, et les frais d'entretien par conséquent moins considérables.

Si l'un des propriétaires peut forcer l'autre voisin à lui céder la mitoyenneté du mur qui les sépare, la réciproque n'est pas vraie ; et ni le texte ni l'esprit de la loi ne sauraient autoriser une semblable extension de l'art. 661. Celui qui, clos déjà d'un côté par un bâtiment voisin, fait élever sur les autres parties de son terrain des murs de séparation, ne peut être contraint par le propriétaire de ce bâtiment d'acheter la mitoyenneté du mur en soutenant qu'il lui est utile. Il pourrait, d'ailleurs, lui répondre qu'il ne prétend aucun droit sur cette portion de sa construction, et que s'il lui plaît de la démolir, il ne saurait l'en empêcher. Sans doute, ce voisin retire un avantage de l'existence de ce mur de bâtiment, qui lui a épargné les frais d'établissement d'une clôture ; mais il ne s'est pas enrichi au préjudice d'autrui, et les principes de la justice ne sauraient rien exiger de plus. Comprendrait-on davantage la prétention d'un voisin qui réclamerait une indemnité parce qu'il vient d'abattre volontairement les arbres de son jardin, et que la maison voisine, dont la vue était complétement bouchée, jouit maintenant d'une perspective admirable ?

§ II.

Du cas où le mur fait partie d'un édifice public.

La cession de la mitoyenneté des murs ayant pour effet principal d'en transmettre la copropriété, l'article 661, qui permet à tout propriétaire dont le terrain joint immédiatement le mur du voisin de le rendre mitoyen, est inapplicable à ceux qui font partie du domaine public, et qui, comme tels, sont inaliénables.

Cette proposition est universellement admise sans contestation aucune, et tous les auteurs reconnaissent en principe que le droit de rendre mitoyen un mur contigu ne peut être exercé à l'égard de ceux qui dépendent d'édifices publics ayant les caractères de la domanialité publique, parce que ces édifices ne sont pas susceptibles de propriété privée. Mais lorsqu'il s'agit d'indiquer en détail les conséquences de la règle que l'on vient de poser, de savoir si tel ou tel mur est ou n'est pas compris dans le domaine public, les difficultés surviennent, les controverses abondent.

Ainsi certains auteurs examinent quelle est la destination de l'édifice, et confondent les expressions « affectés à un *service* public » et « affectés à l'*usage* public. » D'autres, comme Troplong, recherchent quelle est la nature monumentale de la construction, son mérite personnel au point de vue de l'art architectural ; et ce dernier jurisconsulte a dit, dans l'élan

de sa conviction intime : « Quelle est la jurisprudence vandale qui donnerait un brevet d'existence à
une servitude *oneris ferendi* sur la cathédrale de Stras-
bourg ou sur l'arc de triomphe d'Orange ? » Il a
même accepté les conséquences extrêmes de son
système, puisqu'il est allé jusqu'à soutenir qu'il fallait encore distinguer, dans le même édifice, les parties qui offraient un caractère monumental de celles
qui ne le présentaient pas, pour appliquer aux premières les règles de la domanialité et les refuser
quant aux autres. Il n'est pas nécessaire, croyons-
nous, de faire remarquer la fausseté d'une telle doctrine ; car peut-on croire de bonne foi que, dans un
même édifice, une église par exemple, la façade soit
du domaine public, tandis que les autres parties n'en
feraient point partie ? C'est tout ou rien.

Quels sont donc les biens qui ne sont pas dans le
commerce (art. 1598 et 2226 C. civ.), et à quels signes
les reconnaître ? J'aurais désiré une formule générale, mais, je dois l'avouer, je ne l'ai point trouvée.
Peut-être pourrait-on dire que ce sont ces choses qui,
même entre les mains de l'État, ne sauraient avoir la
qualité de propriété ; mais cette définition ne fait
point connaître quelles elles sont. C'est l'ensemble,
si l'on veut, des choses qui ont pour destination d'être
asservies à l'usage ou à la protection de tous, et qui,
en raison de cette destination et tant qu'elle dure,
n'appartiennent propriétairement à personne, pas
même à l'État, lequel n'exerce à leur égard qu'un
droit de surveillance au nom et dans l'intérêt du
public.

Posons quelques principes généraux qui serviront de points de départ pour nous aider à la solution de cette question, grosse de conséquences juridiques et pratiques.

L'État, la commune et le département, ce dernier depuis l'année 1811 seulement, constituant tout à la fois des divisions administratives et des personnes morales, sont capables d'être investis des mêmes droits que les particuliers ; mais, de plus, ils ont cela de remarquable, que chacun d'eux possède deux sortes de biens. Il existe un domaine public de l'État ou domaine national, inaliénable et imprescriptible (routes nationales, fleuves et rivières navigables, rivages de la mer, ports, havres et rades, . canaux de navigation, ponts sur les grandes routes, chemins de fer, fortifications, églises cathédrales et métropolitaines, etc....), et un domaine privé de l'État, aliénable et prescriptible (lais et relais de la mer, édifices publics nationaux, forêts domaniales, etc....) Il y a un domaine public départemental (routes départementales, chemins de fer départementaux, etc....), et un domaine privé du département (hôtels de préfecture, casernes de gendarmerie, etc....). On connaît un domaine public communal (chemins ruraux, églises et chapelles paroissiales, etc....), et un domaine privé de la commune (hôtels de ville, biens communaux en général, etc....).

Et notons-le bien, le jugement d'expropriation n'a point par lui-même cette vertu magique de pouvoir créer une dépendance du domaine public : travaux publics par expropriation forcée et domanialité publique sont deux idées qu'on ne saurait confondre que par suite d'une grave méprise. Pour une rue, par exemple, qu'il s'agit de percer, le jugement d'expropriation, qui rend possible le commencement des travaux nécessaires à son ouverture, ne peut avoir d'autre effet que de faire passer les immeubles expropriés du domaine particulier des citoyens dans le domaine privé de la commune, si c'est elle qui fait exécuter les travaux. Ils conserveront ce caractère de propriété privée jusqu'à ce que la rue soit faite, jusqu'à ce que cette voie de communication soit livrée à la circulation. Il peut même se faire qu'un monument, pour la construction duquel on aurait eu recours à l'expropriation pour cause d'utilité publique, ne fasse jamais partie du domaine public : c'est ainsi qu'un hôtel de ministère, avant comme après le jugement d'expropriation, même après l'installation des bureaux pour le service public auquel il va être affecté, fera toujours partie du domaine privé de l'État.

La loi domaniale des 22 novembre et 1er décembre 1790, art. 2, définissait le domaine public « cette partie du territoire français qui n'est point susceptible de propriété privée. » L'art. 538 du Code civil, reproduisant cette même disposition, la complète en énumérant les caractères distinctifs qu'il doit présenter. Pour qu'une chose puisse être ajoutée comme dépendance de la domanialité publique, elle doit être non susceptible de propriété privée par sa nature, être affectée à l'usage du public, et être une portion du territoire français. Les art. 538 et 2226 du Code civil

combinés portent que les rues et les places publiques
sont des dépendances du domaine public, et,
comme telles, inaliénables et imprescriptibles; il doit
en être de même des murs qui soutiennent ces places,
lorsqu'elles sont plus élevées que les terrains voisins.
Ces murs, accessoires nécessaires, doivent être considérés comme faisant partie de la place elle-même.
En argumentant de ce texte, la Cour de cassation
(arrêt du 5 avr. 1870) a pu reconnaître que, le mur
de soutènement d'une place publique faisant, comme
cette place elle-même, partie du domaine public, le
propriétaire du terrain joignant ce mur ne pouvait
pas contraindre la commune, dans l'espèce, à lui en
céder la mitoyenneté à l'effet de lui permettre d'y
appuyer un bâtiment.

Par les mêmes motifs, la même décision devrait
s'appliquer à toutes les dépendances des rues, places
publiques ou chemins de fer, c'est-à-dire aux ponts,
arcs de triomphe, gares de chemins de fer avec leurs
quais de service, etc.... Nous exceptons toutefois les
constructions qui renferment les bureaux ou qui contiennent les magasins, comme ne constituant qu'une
propriété privée entre les mains des compagnies.

Si le texte déjà cité (art. 538) existait seul pour
établir d'une manière générale et, il faut aussi le
reconnaître, d'une façon fort laconique, les caractères
de la domanialité publique, il serait bien difficile d'y
comprendre les édifices, car personne, je suppose,
n'aurait l'idée de soutenir que le monument le plus
beau ou le plus irréprochable d'après toutes les
règles de l'art fait partie et n'est qu'une portion du

territoire français. On ne saurait prétendre non plus qu'il n'est pas susceptible de propriété privée, car il existe des maisons particulières qui, certainement, présentent une valeur intrinsèque beaucoup plus considérable, sous tous les rapports, qu'un édifice affecté à un service public : pourrait-on comparer un château princier, propriété privée, à un corps de garde, édifice affecté pourtant à un service public ?

C'est donc à des textes spéciaux qu'il faut recourir pour reconnaître quelles sont les constructions inaliénables et imprescriptibles.

Comme disposition législative spéciale, on peut citer le sénatus-consulte du 12 déc. 1852, art. 7, sur la dotation de la couronne, qui applique les règles de la domanialité aux palais, châteaux et autres biens distraits du domaine privé de l'État, pour être affectés à la jouissance du chef de l'Empire d'alors : c'est en même temps les soustraire à l'application de l'art. 661.

Sous l'ancienne monarchie, où la personnalité du roi absorbait celle de la nation, on ne s'étonnera pas des dispositions de l'édit de décembre 1681, confirmé par les déclarations du 20 février 1696 et du 27 septembre 1707, qui portait que les murs, remparts et fortifications des villes et des places de guerre appartenaient au roi. La Révolution, faisant de la nation un être moral distinct de la personnalité du roi, proclame, par la loi du 8 juillet 1791, art. 13, que les fortifications, avec toutes leurs dépendances, font désormais partie du domaine national. Cette dernière disposition a été reproduite par l'art. 540 C. civ., aux

termes duquel les portes , murs , fossés et remparts
des places de guerre sont compris dans la domanialité publique Cet article a sa raison d'être, et même
il est nécessaire dans l'ensemble de notre législation ;
il ne fait point double emploi avec l'art. 538 , car ,
comme nous l'avons déjà dit, il ne saurait comprendre
tous ces ouvrages et toutes ces constructions qui, par
leur destination , réclament une garantie exception-
nelle. On ne saurait admettre sérieusement , au surplus, que sur les articles nombreux dont se compose
notre Code civil, lorsqu'il n'y a que deux dispositions
concernant la domanialité publique , l'une d'elles soit
inutile comme n'étant que la répétition de la première. On peut donc déduire de l'art. 540 , et en re-
marquant aussi que l'accessoire doit être de la même
nature que le principal et offrir les mêmes caractères,
accessorium sequitur principale , qu'il faut reconnaître le caractère d'inaliénabilité à toutes les constructions qui peuvent se rattacher au système dé-
fensif d'une place, comme les citadelles, les forte-
resses, les casernes, casemates, etc...

L'intérêt de la religion exige également la même
faveur et la même garantie à l'égard des édifices
affectés aux différents cultes reconnus , sans qu'il y
ait à distinguer s'il s'agit d'une basilique magnifique
ou de la plus humble des églises de campagne : leur
situation juridique doit être la même. A cette occasion, je citerai les paroles que prononçait l'éminent
professeur qui fut mon maître, à la fin de l'une de ses
conférences : « Nous n'avons pas oublié que la liberté
des cultes forme l'une des bases fondamentales du

droit public de notre pays , et nous applaudissons à ces textes du Code de 1810 qui, s'inspirant du grand principe de la liberté de conscience , respectant le droit et la foi de chacun , sauvegardent l'ordre matériel et l'ordre moral dans tous les temples » (M. Th. Ducrocq). Ce caractère d'indisponibilité a été accordé aux églises catholiques en particulier, pourvu toutefois qu'elles soient affectées à l'exercice public du culte, la consécration canonique ne pouvant être suffisante, puisqu'elle se produit aussi pour des oratoires particuliers, par l'art. 12 du Concordat de 1801, qui les remet à la disposition des évêques , et par l'art. 15, qui permet à tout Français de faire des fondations en faveur de ces églises. Ces mêmes principes ne doivent point s'appliquer aux églises ou chapelles de certains établissements publics qui, formant une partie de leur propriété privée , restent soumises aux règles du droit commun. On devrait, *a fortiori*, décider la même chose à l'égard des chapelles ou oratoires particuliers, auxquels on ne saurait refuser le caractère de propriété privée.

Le silence du texte du Concordat à l'égard des palais archiépiscopaux , épiscopaux , des séminaires et des presbytères , nous force d'admettre qu'ils ne sont pas régis par des règles spéciales, et que dès lors l'art. 661 leur est applicable exactement comme , dans un autre ordre d'idées , aux hôtels des ministères et aux hôtels de préfecture.

Le jurisconsulte dont nous combattions tout à l'heure la théorie, après avoir admis l'indisponibilité de certaines églises, soutient pourtant qu'une possession continue pendant trente ans suffirait pour établir contre cette église une servitude *oneris ferendi;* et il se fonde sur ce que, la destination publique restant entière, et n'étant point altérée dans son exercice, le droit individuel des habitants n'est pas, en quoi que ce soit, paralysé. Cette solution est fort contestable, selon nous : on pose un principe, celui de l'inaliénabilité et de l'imprescriptibilité du domaine public, puis, arrivé aux conséquences, on recule ; on admet bien la cause directe, mais on rejette l'effet immédiat.

Si les particuliers ne peuvent pas acquérir la mitoyenneté d'un mur qui ferait partie d'un édifice compris dans le domaine public, doit-on, en supposant une hypothèse inverse, permettre, dans l'intérêt d'une propriété publique, à l'État, au département ou à la commune, d'invoquer l'art. 661 et de contraindre un particulier à leur céder la mitoyenneté de son mur pour, par exemple, y appuyer un temple? Aucun droit de propriété privée ne peut être concédé, même indirectement, sur une partie quelconque d'un édifice compris dans le domaine public, alors même que l'existence de ce droit de mitoyenneté ne saurait compromettre ni la conservation, ni l'entretien de ce monument public, ni gêner l'exercice de l'usage auquel il est affecté. Les principes qui régissent cette matière ne permettent pas, en pareille circonstance, d'établir un droit de propriété privée sur une portion, même minime, de tels édifices ; or la mitoyenneté, consistant en un droit de copropriété, ne peut évidemment porter sur une chose que la loi déclare non susceptible d'appropriation de la part de qui que ce soit, pas même de l'État. La seule voie à suivre est de recourir à l'expropriation.

En résumé, notre solution sur cette importante question est bien simple ; elle rejette toutes ces considérations, toutes ces distinctions arbitraires, toutes ces inconséquences flagrantes que l'on est forcément obligé de reconnaître dans ces autres doctrines, qui laissent aux tribunaux, suivant le caractère monumental de l'édifice, le soin d'apprécier s'il fait ou non partie du domaine public. Qu'arriverait-il donc si pour la même construction, déclarée inaliénable par un tribunal, elle était au contraire reconnue par un autre aliénable et prescriptible ? Selon nous, l'article 538 C. civ., qui a posé le principe de la domanialité publique, ne peut pas embrasser dans ses termes toutes ces constructions, qui, en raison ou de leur nature ou de leur affectation à des services publics, avaient pourtant besoin de cette garantie attachée à la domanialité. Il fallait d'autres textes pour les classer parmi les dépendances du domaine public ; mais, à défaut de ces textes, leur nature ne s'opposant point à la possibilité d'une propriété privée, et conservant ce caractère entre les mains de l'État, du département ou de la commune, qui, pour leur fortune propre, en tant que personnes morales, ne sauraient être régis par d'autres lois que celles auxquelles sont soumis les autres biens des particuliers, l'art. 661, avec toutes ses conséquences, ses inconvénients même, je le veux encore, doit recevoir une pleine et entière application ; le seul moyen d'y échapper est d'isoler le monument que l'on construit.

CHAPITRE V.

DES DROITS QUE CONFÈRE LA MITOYENNETÉ.

La mitoyenneté conférant un droit de propriété, chacun des voisins peut retirer de la chose indivise, et tant qu'elle existe, tous les avantages qu'elle est susceptible d'offrir, à la seule condition de respecter le droit égal de l'autre propriétaire.

La servitude légale connue sous le nom d'alignement ne dépossédant pas actuellement les propriétaires des terrains retranchables, ces derniers doivent conserver leur droit de propriété sur les murs qui étaient mitoyens entre ceux de leurs bâtiments qui sont tombés de vétusté, ou qu'ils ont fait volontairement démolir, et les maisons voisines qu'ils servent encore à soutenir. Aussi le prix que l'on peut retirer de la location de ce mur, devenu mur de façade, pour y apposer des affiches, doit-il être partagé entre eux et les propriétaires des maisons restées debout, sans que l'unité administrative, expropriante jusqu'à un certain point en vertu de la loi du 16 septembre 1807, puisse en réclamer aucune partie. Cette solution ne serait point changée dans le cas où elle aurait payé par anticipation la moitié de la valeur du sol sur lequel repose le mur, si toutefois elle n'avait pas été investie de la copropriété de ce mur par une convention amiable qui l'aurait substituée dans tous les droits de l'ancien copropriétaire.

On est aujourd'hui dans l'habitude d'établir des espaliers contre les murs mitoyens, et le voisin ne réclame point tant que ces plantations ne lui portent pas de préjudice appréciable. Est-ce là une dérogation à l'art. 671 C. civ., qui porte qu'il n'est point permis de planter des arbres à haute tige à une distance moindre de six pieds, et des arbres à basse tige à moins d'un demi-mètre de la ligne séparative des deux héritages ? Nous ne pensons pas que les relations habituelles d'un bon voisinage auraient pu modifier ce que, d'après certains auteurs, la loi aurait eu de trop rigoureux, car cette disposition n'est en définitive que la conséquence du respect que l'on doit à la propriété d'autrui. Les espaliers devront cependant être maintenus d'après le texte même législatif que je viens de citer, puisqu'il ne fixe de distance à observer que dans le cas où il n'existe pas d'usages constants et reconnus. Dans notre hypothèse, on ne pourrait pas dire que le voisin n'observe aucune distance, car la limite indiquée par l'usage reçu universellement est le mur lui-même.

Lorsqu'un propriétaire qui avait un droit exclusif sur un mur en a calculé l'épaisseur pour établir, dans une construction bâtie en retraite, des ouvertures qu'on ne peut ouvrir qu'à la distance exigée par les art. 678 et 679 C. civ., le voisin qui devient acquéreur de la mitoyenneté de ce mur peut-il exiger que les fenêtres soient supprimées comme n'étant plus à la distance légale ? L'affirmative semblerait bien résulter de la rigueur des termes de la loi, mais l'équité et le bon sens protestent contre une

telle solution. Légalement parlant, le voisin n'éprou-
vait aucun embarras, et il a dù souffrir, sans se plaindre, l'exercice de ce droit de vue lorsque le mur ne
lui appartenait pas par indivis : éprouve-t-il une
gêne plus considérable depuis qu'il en a acquis la mitoyenneté ? Il ne saurait le soutenir, et, lorsque l'intérêt n'existe pas, la loi refuse toute action. Le calcul de
cette distance doit, d'ailleurs, se faire au moment de
la construction, et il ne peut avoir rien de provisoire,
puisque les constructions sont de nature à durer longtemps et qu'on ne bâtit point pour un jour. Et qui ose-
rait bâtir, si l'on était soumis à de telles éventualités !

S'il s'agit d'un fossé, chacun des propriétaires a
un droit égal aux herbes qui y poussent, aux pois-
sons qui peuvent y vivre, ainsi qu'au produit du
curage, dont on peut se servir comme engrais; mais
nous leur refusons le droit de demander le partage
du fossé pour avoir la faculté de le combler à moitié,
quoique l'opinion contraire ait été soutenue, sous le
prétexte que le partage d'un fossé peut offrir quelque
intérêt, et que, de plus, la division n'a ici rien d'impossible, comme lorsqu'on veut l'appliquer à propos
d'un mur. Nous avons déjà indiqué le caractère distinctif de la mitoyenneté, qui est d'être une communauté forcée, permanente, imposée par la loi : partager, c'est détruire ; et si l'un des voisins trouve la
charge trop lourde, ou s'il désire se débarrasser des
ennuis que cette indivision peut lui susciter, il n'a
qu'un seul moyen, offert par analogie de la règle de
l'art. 656 du Code civil : c'est l'abandon de son droit
indivis.

De même, s'il s'agit d'une haie, chacun des communistes a droit à ses produits, au bois et à l'émondage : *Concursu partes fiunt*. Il peut arriver qu'il se trouve un arbre dans la haie mitoyenne ; l'art. 673 du Code civil, le déclarant mitoyen comme la haie, va nous aider à résoudre une question controversée : dans quelle proportion chaque voisin a-t-il droit aux fruits qui proviennent de cet arbre ? Desgodets prétend bien que chaque propriétaire n'a le droit de cueillir que les fruits pendants aux branches qui s'avancent sur son terrain ; mais cette solution doit être rejetée par suite de cette simple observation, qu'il peut se faire que le développement ne soit pas uniforme, parce que la séve s'est portée plus d'un côté que de l'autre : chaque propriétaire a un droit aux fruits, ceci n'est pas contesté ; et qu'arriverait-il donc si l'arbre n'en portait que d'un seul côté ? Un point sur lequel on ne saurait nous contredire, c'est que l'arbre, se trouvant dans une haie mitoyenne, a, par cela même, son principal pivôt dans un terrain mitoyen, c'est-à-dire dans un terrain qui, loin d'appartenir aux voisins *pro diviso et regione,* ne leur appartient au contraire que *pro indiviso*, selon la définition même de la mitoyenneté, qui est la copropriété de chacun des voisins sur la totalité et sur chacune des parties de la chose mitoyenne. Pourquoi donc faire une distinction pour les arbres qui peuvent se trouver dans une haie ? On ne peut supposer que la partie principale, c'est-à-dire le terrain qui fournit les sucs nécessaires à la croissance de l'arbre, et d'où sort le tronc même de cet arbre, soit l'objet d'un droit indivis de communauté, et que les voisins ne possèdent sur la partie accessoire qu'un droit modifié, et qu'ils n'aient plus sur l'arbre qu'une propriété proportionnelle à cette partie du tronc qui se trouve être en dehors de la ligne idéale que l'on tracerait au milieu de la haie mitoyenne. Leurs droits sont égaux, et ils ne trouvent de limite que dans le droit confondu avec le leur : aussi le partage devrait se faire par portions égales, comme lorsqu'il s'agirait du bois, si l'on suppose que l'arbre a été abattu. Par application de ces mêmes principes, le droit des copropriétaires serait encore égal sur un trésor qui aurait été découvert en creusant le sol mitoyen, ou en démolissant un mur, sans que l'on ait à rechercher s'il était caché dans un seul parement : le concours, résultat de l'indivision dans laquelle se trouvent les propriétaires, déterminerait la part de chacun.

L'art. 673 du Code civil semble indiquer comme une conséquence de la mitoyenneté le droit, qui appartient à chaque voisin, d'exiger l'abattage des arbres qui se trouvent dans la haie mitoyenne ; c'est plutôt une exception à la règle générale, car qui dit mitoyenneté dit communauté forcée et permanente. Cette véritable dérogation aux principes peut cependant se justifier : l'arbre peut nuire à la culture des terres environnantes en y entretenant un ombrage trop épais ou une humidité trop grande ; la haie, au contraire, par son peu d'élévation, n'offre pas les mêmes désavantages. En fixant la limite précise des héritages, elle étouffe les contestations qui, sans elle, se seraient trop fréquemment élevées entre les propriétaires voisins.

Nous occupant maintenant spécialement des droits que confère la mitoyenneté des murs, nous allons distinguer, puisque c'est le mode suivi par la loi, pour les étudier séparément : 1° les travaux que l'un des voisins peut exécuter à l'insu de l'autre, sans être au préalable obligé de lui demander son consentement; 2° ceux qu'il ne peut entreprendre que du consentement de son voisin ou, sur son refus, après un règlement d'experts ; 3° ceux enfin pour lesquels le consentement du voisin est absolument indispensable et ne saurait être suppléé; puis ensuite nous traiterons de ces travaux que l'on peut établir contre le mur mitoyen.

§ I.

Travaux que l'un des voisins peut exécuter à l'insu de l'autre, et de l'exhaussement du mur mitoyen.

Si les murs mitoyens n'offraient d'autres avantages que de servir de clôture aux héritages contigus, on peut dire que leur utilité serait trop restreinte; aussi la loi permet-elle à chaque voisin, en sa qualité du reste de copropriétaire, de pouvoir se servir du mur pour les usages auxquels sa nature le destine. Cependant nous allons voir que, dans ses dispositions à cet égard, elle lui impose cette double condition : de ne point nuire à son copropriétaire, ou de ne pas entraver l'exercice de son droit égal et réciproque, et de prendre toutes les précautions nécessaires pour

ne pas dégrader le mur ou en compromettre la solidité.

Aux termes de l'art. 657 du Code civil, tout propriétaire peut faire bâtir contre un mur mitoyen, ou
y placer des poutres et des solives dans toute son
épaisseur à cinquante-quatre millimètres près, deux
pouces. Il est à remarquer que notre Code autorise le
voisin à appuyer ses poutres dans la totalité de l'épaisseur du mur; il abroge sur ce point les dispositions
de la Coutume d'Étampes, qui (art. 83) ne tolérait
l'établissement de ces pièces de bois que jusqu'aux
deux tiers de l'épaisseur, prescription édictée également par la Coutume de Reims (art. 365) et par
celle de Mantes (art. 104). La Coutume de Paris
(art. 207 et 208) ne permettait pas de les asseoir au-
delà de la moitié de l'épaisseur dudit mur, et elle
ajoutait même que, pour porter lesdites poutres, on
était obligé d'y faire mettre jambes-parpaignes,
chaînes et corbeaux convenables en pierres de taille,
excepté aux maisons des champs, où il suffisait d'y
faire mettre matière suffisante.

Ces dispositions pouvaient se comprendre dans
l'ancien temps, où les murs étaient plus épais et
beaucoup plus solidement construits que les nôtres;
on pouvait donc, sans inconvénient, n'appuyer les
poutres que jusqu'à la moitié de l'épaisseur des murs.
De nos jours, au contraire, où la maçonnerie est plus
légère, il importe beaucoup que l'on puisse les établir dans toute l'épaisseur, car, sans cette précaution, la construction exigerait des réparations plus
fréquentes par suite du poids qu'elle soutient et qui

ne porte que sur l'une de ses parties, mode de bâtir qui évidemment tendrait à en diminuer la solidité et la durée.

Cette faculté, que déjà (art. 112) la Coutume d'Auxerre accordait au voisin, en disant : « Il peut percer tout outre le mur, sauf à l'endroit des cheminées, où l'on ne peut mettre aucun bois, » a été, avec raison, reproduite par notre législation dans l'intérêt même des deux propriétaires. Mais comme chacun d'eux a son droit limité par le droit égal de l'autre, si ce dernier veut à son tour bâtir ou appuyer des poutres dans le même endroit du mur mitoyen, la seconde partie de l'art. 657 l'autorise à faire réduire à la moitié de l'épaisseur du mur les pièces de bois qui qui s'y trouveraient déjà placées, en se servant de l'ébauchoir ou gros ciseau de charpentier qui permet de les couper sur place. C'est là une conséquence nécessaire que nous avons déjà indiquée en disant que l'un des voisins ne peut nuire aux droits de son copropriétaire.

Tout propriétaire peut encore, à ses frais, faire exhausser le mur mitoyen ; il n'a pas à faire connaître les motifs qui l'y portent : qu'il veuille bâtir ou non, qu'il n'ait d'autre but que de s'affranchir seulement de la vue que l'on peut avoir sur son fonds, peu importe, le droit qu'il tient de la loi est entier. Aussi, puisqu'une servitude ne saurait se présumer, l'obligation qu'il aurait contractée envers son voisin de construire un mur d'une certaine hauteur, en déclarant qu'il serait mitoyen, ne saurait le priver du droit de pouvoir, dans la suite, procéder à l'exhaussement de ce même mur. La conséquence forcée de cette obligation ne serait point une servitude *altius non tollendi*, si d'ailleurs la combinaison des clauses, relatées dans la convention passée à cet égard, n'obligeait nécessairement à y voir une véritable servitude. On doit encore ajouter que, ce droit n'étant en lui-même qu'un acte de pure faculté, et non susceptible par conséquent d'être soumis à aucune prescription, même après trente ans, chacun des propriétaires pourrait encore surélever le mur mitoyen.

Si le mur n'est pas en état de pouvoir supporter l'exhaussement, celui qui veut y procéder doit le reconstruire en entier à ses frais, et prendre de son côté un excédant d'épaisseur si cela est nécessaire, sans que, pour ce motif, la ligne séparative des deux héritages soit reportée au point milieu de ce nouveau mur. Ainsi, lorsqu'il est reconnu que le mur mitoyen, bien que construit avec des matériaux défectueux et sans aplomb régulier, est suffisant pourtant pour les constructions existantes, sa démolition et sa reconstruction n'étant pas nécessaires et n'ayant eu pour cause que l'intérêt personnel de l'un des copropriétaires, ces frais de démolition et de reconstruction sont à la charge de ce dernier (Orléans, 22 mai 1866 ; Rouen, 31 août 1867 ; Paris, 11 mars 1869 ; arrêt de cassation, 18 mars 1872 ; *contra*, trib. de la Seine, 19 août 1868). L'autre voisin pourrait en effet lui dire : le mur, tel qu'il est actuellement, est encore assez bon pour nous séparer ; il vous plaît de l'exhausser pour établir un bâtiment ou toute autre chose, supportez donc les frais qui peuvent résulter d'une construction dont les avantages seront uniquement pour vous. Dans le cas donc où la nécessité actuelle d'une réparation commune n'est pas établie, il n'y a pas lieu de faire supporter au copropriétaire du mur mitoyen une partie des dépenses occasionnées par la réédification de ce mur ; et il importe, avant de procéder à sa démolition, de faire judiciairement établir ou que sa reconstruction est rendue nécessaire par l'usage que le voisin en a fait, ou que son rétablissement doit produire des avantages immédiats pour les deux communistes. Il résulte bien de la combinaison des art. 655 et 659 du Code civil deux propositions distinctes : le mur est-il dans un état de vétusté qui en rende la démolition et la reconstruction nécessaires, on appliquera l'art. 655, et le rétablissement devra s'en faire à frais communs ; le mur est-il encore assez bon et de durée, comme portait l'art. 196 de la Coutume de Paris, eu égard à sa destination actuelle, celui qui veut l'exhausser dans son seul intérêt sera soumis à l'art. 659, et par suite obligé de payer en entier la dépense et de prendre sur son terrain l'excédant d'épaisseur ; il reconstruit pour son utilité propre et non dans l'intérêt commun de lui-même et de son copropriétaire, qui se contente et peut se contenter du mur déjà existant : l'art. 659 lui interdit donc d'y faire contribuer ce dernier dans quelque proportion que ce soit.

Dans le cas où le mur offre assez de solidité pour pouvoir supporter l'exhaussement, celui des voisins qui procède à ce travail, outre qu'il contribue seul à la dépense de cette construction et des réparations subséquentes qu'exigera plus tard son entretien, doit payer à l'autre propriétaire une indemnité de surcharge. Et ceci est assez juste, puisque, par suite de cette surélévation, la partie du mur qui reste mitoyenne réclamera nécessairement des réparations plus fréquentes : l'indemnité de surcharge se calcule à raison de l'exhaussement et suivant la valeur (art. 658 C. civ.). L'art. 197 de la Coutume de Paris fixait *a priori* le taux de cette indemnité à la sixième partie de la portion exhaussée : de six toises l'une au-dessus de dix pieds, cette hauteur étant celle qui était prescrite (art. 209) pour les murs de clôture. L'art. 658 du Code civil ne détermine rien par avance, et avec raison suivant nous, car il est plus qu'évident que le prix des matériaux n'est pas toujours en raison directe de leur poids ; il ne fait qu'indiquer les éléments que l'on devra faire entrer en ligne de compte pour en apprécier le *quantum :* la charge effective que supporte désormais le mur, et la valeur des matériaux employés. Les juges, dans cette circonstance, éclaireront du reste leur religion par les rapports des experts qui auront été nommés à cet effet.

La mitoyenneté du bas du mur n'empêche pas le propriétaire qui a fait l'exhaussement à ses frais d'y ouvrir des jours à verre dormant et à fer maillé, mais seulement dans cette partie surélevée qui est sa propriété privée et exclusive, s'il a encore soin de les placer à six pieds au-dessus du plancher de l'appartement, et à huit pieds si la pièce se trouve située au rez-de-chaussée, dispositions exigées par les ar-

ticles 676 et 677 combinés. L'autre voisin, invoquant
la règle de l'art. 661, pourrait le contraindre à lui
céder la mitoyenneté de cet exhaussement, et dès
lors, le mur devenu mitoyen dans toutes ses parties,
les jours qui y auraient été précédemment établis
devraient être supprimés si le voisin l'exigeait (article 675 C. civ.).

L'art. 657 ne parle que de l'exhaussement du mur
mitoyen, mais évidemment il ne statue que d'après
ce qui arrive le plus ordinairement, *ex eo quod plerumque fit;* aussi devrait-on autoriser l'un des propriétaires à donner au mur une plus grande profondeur, si cette modification apportée à la chose commune pouvait lui être utile.

Reste une question, grave par les conséquences
qu'elle peut produire, et qui est celle de savoir si,
par suite de l'exhaussement ou de la reconstruction
entière du mur, celui qui a usé de la faculté que lui
concédaient les art. 658 et 659 C. civ., doit indemniser l'autre voisin de tous les dommages qui ont pu
résulter pour lui des travaux qu'il a fait exécuter.

Les art. 658 et 659 me semblent bien formels
pour refuser toute espèce d'indemnité en détermi-
nant scrupuleusement, je puis le dire, les charges
qui doivent être supportées par celui des propriétaires qui veut surélever le mur : payement intégral
du prix des matériaux et de la main-d'œuvre, indemnité à raison de la surcharge, prise de son côté d'un
excédant d'épaisseur; on ne peut rien de plus exiger
de lui. La mitoyenneté n'est-elle pas d'ailleurs une
servitude légale dont l'exercice, en principe, ne peut

donner lieu à aucune indemnité, quel que soit le préjudice éprouvé? Chacun des voisins doit donc supporter
les inconvénients qui peuvent en résulter pour eux ;
sur ce point, ils se trouvent identiquement tous les
deux dans la même situation et sur le même pied
d'égalité ; la justice n'est point violée. Mais examinons au fond la nature du droit que la loi confère en
pareille occasion.

Le droit du voisin subsisterait intact, alors même
que l'exhaussement pourrait nuire à l'autre propriétaire, en privant par exemple ses appartements
de lumière, ou en y entretenant une humidité
malsaine. C'est que l'art. 658 accorde aux copropriétaires du mur mitoyen un droit absolu, soumis
dans son exercice à aucune condition, et indépen-
dant du préjudice qu'il peut entraîner pour l'héritage contigu. Celui qui a élevé la clôture ne peut
être responsable par le fait seul de cet exhaussement :
Nullus damnum facere videtur, qui jure suo utitur
(L. 55, ff. *de reg. jur.*, art. 544 C. civ.). Tel est le
véritable principe en dehors duquel toutes les ap-
préciations sont hésitantes, en dehors duquel aussi
le champ le plus vaste est laissé à l'arbitraire : *Nemo
damnum facit, nisi qui id fecit quod facere jus non
habet* (L. 151, ff. *de reg. jur.*). Il est un point pourtant sur lequel tout le monde est d'accord : c'est que
le droit de ce propriétaire ne saurait aller jusqu'à
surélever le mur dans le seul but de nuire au voisin
sans aucune utilité pour lui-même : *Malitiis hominum non est indulgendum*. Mais, dès que cet exhaussement peut lui procurer un avantage appréciable,

son droit reste entier. Les tempéraments d'équité
que l'on chercherait à faire valoir en cette occasion
auraient un caractère trop indéterminé. A cette question d'équité chacun donne sa solution, chacun la
résout à sa manière, suivant sa condition, son âge,
son éducation et mille autres circonstances : le juste
devient l'injuste, et réciproquement, suivant les temps
et suivant les lieux, parce que rien n'est plus variable
que cette lueur de raison que la nature a mise dans
tous les esprits. L'équité, n'est-ce pas le caprice pour
loi, l'anarchie sous les apparences de l'ordre, et
l'auxiliaire de ceux qui, par orgueil ou par intérêt,
mettent leur raison au-dessus de la loi ! Peut-il, dans
le droit positif, y avoir de raison plus raisonnable et
d'équité plus équitable que la raison et l'équité de la
loi ! Qu'importe, après tout, qu'un autre éprouve un
préjudice indirect, si je reste dans l'exercice légitime
de mes droits ! *Qui jure suo utitur, neminem lœdit.*
Cette règle a d'ailleurs, dans notre législation, un salutaire contre-poids dans la disposition des art. 1382
du Code civil et suivants, qui portent, non pas, comme
on le prétend quelquefois : quiconque, par son fait..,
mais, ce qui est bien différent : quiconque, par sa faute,
porte préjudice à autrui est tenu de le réparer. La
responsabilité ne peut être engagée que dans le cas
où le dommage éprouvé a pour cause immédiate et
exclusive la faute, la négligence ou l'imprudence, suivant les principes généraux consacrés en cette matière. Aussi croyons-nous qu'un propriétaire qui fait
exhausser le mur mitoyen doit être responsable
envers les voisins de toutes les conséquences de cette

surélévation, et qu'il ne serait point fondé à se prévaloir que ceux-ci ne lui ont pas signalé le danger qui
pourrait résulter des travaux qu'il se proposait d'entreprendre, ou exigé la reprise en sous-œuvre de
l'ancien mur. C'est à lui, et à lui seul, à s'assurer du
point de savoir si le mur était ou n'était pas en état
de supporter sans inconvénients la surcharge à laquelle il voulait le soumettre. Qu'on suppose donc
que, par suite de l'exhaussement, le mur se soit
effondré, et que, dans sa chute, il ait entraîné la des-
truction d'une serre chaude qui s'y trouvait adossée :
la justice demande que l'auteur imprudent de ce dé-
sastre paye au propriétaire une indemnité égale à la
valeur de sa serre et à celle des plantes rares ou exo-
tiques qu'elle pouvait contenir.

§ II.

Travaux pour l'exécution desquels il faut le consen-
tement du voisin ou, sur son refus, un règlement
d'experts.

L'un des voisins ne peut pratiquer dans le mur
mitoyen aucun enfoncement, y appliquer ou appuyer
aucun ouvrage, sans le consentement de l'autre
voisin, ou, sur son refus, sans avoir fait régler par
experts les précautions nécessaires à prendre pour
que le nouvel ouvrage ne soit pas nuisible aux droits
de l'autre propriétaire (art. 662 C. civ.).

Quelques auteurs ont vu dans cette disposition

une contradiction avec l'art. 657 du Code civil, qui permet au voisin, sans recourir à une expertise, de placer ses poutres dans toute l'épaisseur du mur; car, disent-ils, comment asseoir des poutres dans un mur sans y pratiquer aucun enfoncement ?

D'autres considèrent que cette règle, contenue dans l'art. 662, est un principe général que l'on doit appliquer dans tous les cas, même dans les hypothèses prévues par l'art. 657, qui permet, il est vrai, au voisin d'appuyer ses poutres dans le mur mitoyen, mais sans le dispenser de procéder à ce travail avant de provoquer une expertise amiable, ou, en cas de refus de la part du propriétaire, d'exiger une expertise judiciaire à l'effet de faire régler les précautions à prendre pour que les droits de l'autre copropriétaire ne soient pas compromis.

Selon nous, au contraire, les art. 657 et 662 ne contiennent pas deux idées incompatibles, et la contradiction qu'ils semblent offrir n'est qu'apparente et ne saurait résister à un sérieux examen. Dans l'art. 657, la loi règle elle-même le droit du voisin, lorsqu'il s'agit du placement des poutres et de l'exhaussement du mur; et elle devait le faire, dans ces deux circonstances, pour abroger les anciennes coutumes locales, si divergentes entre elles, au sujet de ces travaux : la règle devait être partout la même, et l'on peut dire que, sur ce point, la loi est complète, et qu'elle a prévu jusqu'aux détails les plus minutieux. L'art. 657 se suffit donc à lui-même en autorisant le voisin à exécuter ces sortes d'ouvrages sans l'obliger à recourir à une expertise préalable. Puis, dans l'art. 662, la loi s'est occupée de tous les autres travaux dont il lui aurait été impossible d'entreprendre l'énumération complète et détaillée. La règle générale contenue dans cet art. 662 est donc que l'un des voisins ne saurait toucher au mur mitoyen, pour quelque motif que ce soit, qu'après avoir obtenu le consentement de son voisin, ou, sur le refus de ce dernier, qu'après avoir provoqué une expertise ; la seule exception à ce principe est contenue dans l'art. 657. C'est à dessein, croyons-nous, que le législateur s'est ici montré si avare d'explications. Ne pouvant pas tout prévoir, il a mieux aimé, pour sauvegarder les droits de l'autre propriétaire, obliger celui qui veut apporter quelque changement à la chose commune à recourir à une expertise qui indiquera les moyens et les mesures à prendre pour que cette modification soit le moins possible préjudiciable à l'autre voisin ; car, ne l'oublions pas, le droit de l'un des propriétaires se trouve toujours en présence du droit égal de l'autre.

§ III.

Travaux où le consentement du voisin ne saurait être suppléé.

L'un des voisins ne peut, sans le consentement de l'autre, pratiquer dans le mur mitoyen aucune fenêtre ou ouverture de quelque manière que ce soit, même (art. 675, C. civ.) à verre dormant. Ici le consentement du voisin est indispensable, et il ne saurait être suppléé par un règlement d'experts. Cette disposition n'est que la reproduction de l'art. 199 de la Coutume de Paris, qui, dans le cas où le mur appartenait en commun à deux propriétaires, portait que l'un ne peut, sans le consentement de l'autre, y faire faire fenêtres ou autres trous pour vue, en quelque manière que ce soit, à verre dormant ni autrement. Le mur a été construit pour séparer les héritages : ce serait donc le faire servir à un autre usage que celui auquel sa nature même le destine que d'y pratiquer des ouvertures. Le voisin pourrait, à l'aide de ces jours qui y auraient été établis, s'introduire plus facilement chez l'autre propriétaire, ou tout au moins exercer un droit de vue aussi désagréable que gênant, ou encore jeter des corps dommageables sur le fonds qui ne lui appartient pas.

Et de ce que la mitoyenneté confère un droit de propriété, on doit admettre que, lorsqu'une commune, par exemple, a acheté une maison pour la faire démolir dans l'intention d'en incorporer le sol à la voie publique, et qu'ultérieurement, pour une cause ou pour une autre, par suite, si l'on veut, de l'établissement d'une fontaine ou d'un square, ce projet ne soit pas réalisé, le droit de la commune reste intact sur cette clôture qui séparait la maison démolie de la maison voisine. Elle pourrait donc s'opposer dans ce mur, qui conserve sa qualité de mitoyen, à l'ouverture de jours que le propriétaire de la maison restée debout voudrait y établir. Si cependant l'incorporation du sol à la voie publique avait eu réellement lieu, le mur ne serait plus désormais l'objet que d'une communauté ordinaire ; aussi le maître de la maison contiguë pourrait y pratiquer des fenêtres ou des portes donnant accès sur la voie publique. Ici, chaque propriétaire peut tout, pourvu qu'il ne nuise pas aux droits des autres copropriétaires ; et, dans cette espèce, la commune ne saurait sérieusement soutenir qu'elle a intérêt à la suppression de ces ouvertures, puisque la voie publique a précisément pour destination de les recevoir.

Si cependant un propriétaire pratique dans le mur mitoyen des jours, même à verre dormant et à fer maillé, le voisin a le droit de les faire boucher ; mais, par application de l'art. 690 C. civ., il devrait en requérir la suppression avant trente ans à partir de leur établissement ; car, passé ce délai sans protestation de sa part, celui qui les a ouverts aurait acquis le droit de les conserver, puisqu'ils constitueraient une véritable servitude continue et apparente qui peut s'établir par prescription. A plus forte raison en serait-il de même si les fenêtres pratiquées dans le mur mitoyen étaient des fenêtres ouvrantes ; la servitude acquise par la prescription trentenaire dégénérerait en un droit de vue et d'aspect dans toute l'étendue de ce mot.

§ IV.

Travaux à exécuter contre le mur mitoyen.

Il serait fastidieux, et même de toute inutilité, de vouloir faire ici une énumération détaillée de toutes ces constructions et de tous ces travaux que l'on peut établir ou adosser à un mur mitoyen : l'art. 674 C. civ. lui-même n'a rien de limitatif ; il donne quelques exemples pour nous montrer la pensée qui a inspiré et dirigé le législateur, qui a voulu laisser aux magistrats, suivant les mille circonstances qui peuvent se présenter, le soin de décider le *quid utilius*, et d'ordonner les précautions à prendre pour éviter de nuire au voisin. Il serait aussi superflu de rappeler les dispositions, si nombreuses et si variées, de nos anciennes Coutumes sur ces différents travaux ; et il nous suffira d'exposer les principes généraux qui régissent cette matière, et qui ne sont, en définitive, que la conséquence du respect que l'on doit porter à la propriété d'autrui.

Lorsqu'il s'agit d'établir contre un mur mitoyen des ouvrages de nature à l'endommager, par exemple une forge, une étable, un magasin destiné à recevoir des amas de sel ou autres matières corrosives, il faut, d'après l'art. 674, observer la distance prescrite par les règlements ou usages particuliers ; mais la loi ne nous fait point connaître les moyens à employer à défaut de règlements locaux. Il est à noter,

bien que cette hypothèse soit de sa nature à se présenter bien rarement, que ce cas pourra cependant
quelquefois se rencontrer, lorsque les travaux à
exécuter doivent se faire dans une ville dont la création est toute récente : il faudrait alors s'adresser à
des experts qui indiqueraient les moyens nécessaires
pour que ces travaux ne puissent nuire ni aux voisins
ni à la société.

Lorsque les règlements n'ont en vue que l'intérêt
privé, le propriétaire peut renoncer à son droit et
autoriser son voisin à construire sans prendre les
précautions ordinaires ; mais lorsque les dispositions
légales ont été édictées dans un intérêt général,
comme l'a été le règlement du 26 janvier 1672, qui
défend de faire porter les âtres des cheminées sur des
poutres ou sur des solives, et de faire passer aucun
droit dans les tuyaux, les particuliers ne peuvent y
déroger par leurs conventions, et celui qui a construit sans observer les précautions ou les dis-
tances exigées par les lois et les règlements spéciaux,
pourra toujours être contraint ou de démolir et de
supprimer la besogne mal plantée, ou d'aviser aux
moyens de prévenir le retour de tout danger ou de
tout inconvénient.

Les établissements dangereux, incommodes ou
insalubres, restent en outre soumis aux règlements
administratifs qui les concernent.

Alors même que la distance requise aurait été
observée, et que les ouvrages intermédiaires auraient
été exécutés, le voisin qui se plaint, et qui réellement éprouve un préjudice, sera toujours admis à

prouver le dommage qui lui a été causé, et à contraindre le constructeur à prendre de nouvelles mesures pour faire cesser toute incommodité à l'avenir. L'art. 674 n'a point voulu déroger aux principes généraux énoncés dans l'art. 1382 sur la responsabilité; et lorsqu'il y aura faute, négligence ou imprudence de la part du voisin, ce dernier devra indemniser l'autre propriétaire du préjudice dont il est l'auteur immédiat.

Aux termes de l'art. 6, § 3, de la loi 25 mai 1838, les juges de paix sont compétents pour statuer sur les actions relatives aux constructions énoncées dans l'art. 674 du Code civil, lorsque la mitoyenneté des murs n'est pas contestée.

CHAPITRE VI.

DES CHARGES QU'IMPOSE LA MITOYENNETÉ.

La réparation et la reconstruction du mur mitoyen sont à la charge de tous ceux qui y ont droit, et proportionnellement aux droits de chacun (art. 655 C. civ.).

Le fossé mitoyen doit être entretenu à frais communs (art. 669).

La mitoyenneté signifiant communauté, les obligations qui en dérivent sont les mêmes que celles qui naissent à l'occasion de toute chose commune; car toute copropriété impose à ceux qui y ont droit l'obligation de réparer et de rétablir, s'il y a lieu, la chose indivise. Nous avons vu les droits que confère la mitoyenneté, nous avons examiné les différents usages auxquels peuvent servir les murs mitoyens, ainsi que les entreprises que l'un des voisins est autorisé à y exercer; il fallait bien, par une juste corrélation, qu'ils soient tenus des réparations qui sont devenues nécessaires, précisément par l'usage qu'ils en ont fait : *Quos sequuntur commoda, sequi debent et incommoda; ubi est emolumentum, ibi et onus esse debet.*

Nous devons toutefois excepter le cas où les réparations seraient devenues indispensables par suite de la faute ou de l'imprudence d'un seul des voisins : ayant commis un quasi-délit, *quasi ex delicto*, il serait seul tenu des conséquences : *Culpa suos tantum tenere debet actores.* On peut donner pour exemple le cas où une charrette chargée, appartenant à l'un des voisins, aurait, en reculant, heurté violemment le mur, et l'aurait ainsi dégradé. Cette solution, dont la justice n'a pas besoin d'être expliquée, se trouvait déjà dans l'art. 4, chapitre X, de la Coutume du Nivernais : sinon, y est-il dit, que la chute ou danger de ruine ne procédât de la faute ou *coulpe* de l'un, auquel cas celui qui est en faute ou qui est en *coulpe* le doit refaire à ses dépens.

S'agit-il d'un fossé, les voisins devront veiller à ce qu'il soit tenu en bon état, refaire les talus qui pourraient se dégrader par suite de l'éboulement des terres, et procéder au curage en temps utile. S'agit-il d'une haie, ils devront la faire tailler et arracher les herbes qui, poussant en trop grande abondance au pied de ce buisson, pourraient, s'il était jeune encore, en arrêter la végétation et même l'étouffer. L'article 655 met à la charge des propriétaires voisins les frais de réparation et de reconstruction des murs : ce texte n'existerait pas, qu'il faudrait encore les considérer comme tenus de contribuer à ces sortes de dépenses. La loi fait ici elle-même à un cas particulier l'application de règles générales qu'elle a déjà ailleurs établies; et ce qui le prouve, c'est que, bien qu'il n'existe aucun article de notre Code civil qui mette, d'une façon spéciale, les frais d'entretien d'une haie à la charge des propriétaires voisins, personne n'a jamais cependant pensé que le silence des textes, sur ce point, pouvait avoir pour conséquence de ne pas les obliger à ces dépenses. Et qui alors en serait donc tenu ?

L'art. 655 ajoute : proportionnellement aux droits de chacun ; c'est qu'il peut arriver, comme nous l'avons déjà dit, que l'un des voisins n'ait pas un droit de propriété s'étendant sur toutes les parties du mur ; et l'on peut concevoir qu'un mur soit mitoyen dans l'une de ses parties, sans l'être nécessairement dans les autres. Cette hypothèse se présentera dans le cas où la clôture aurait été exhaussée par un seul des propriétaires, ou lorsque l'un des voisins, invoquant la disposition de l'art. 661, aurait exigé que la mitoyenneté du mur lui soit cédée dans cette portion seulement qui peut lui être utile, et qui ne sera pas toujours de la totalité du mur, comme dans le cas où il s'agirait de construire un bâtiment moins haut ou moins large que celui qui existe déjà. En pareille circonstance, la partie exhaussée, ou cette portion dont le voisin n'a pas cédé la mitoyenneté lui restant propre, il devra seul contribuer aux frais que nécessiteront les réparations de cette partie du mur. Quant à ce qui est mitoyen, les frais d'entretien seront supportés proportionnellement par chacun des copropriétaires, sans qu'il y ait à distinguer si les réparations sont à faire d'un seul côté du mur, car la copropriété, qui dérive de la mitoyenneté, s'étend sur toutes les parties du mur ; c'est une copropriété indivise : *Est tota in toto, et tota in qualibet parte.* Nos anciennes Coutumes étaient, à cette occasion, unanimes : celle de Normandie (art. 604), d'Auxerre (art. 102), de Sens (art. 99), de Mantes (art. 101), du Nivernais (art. 5, ch. X), et je me bornerai à citer le texte de celle de Troyes : si d'aventure (art. 93), il y a clôture ou cloison mitoyenne entre deux voisins, et elle déchet ou va en ruine, l'un peut contraindre l'autre à contribuer à la réparation ou soutènement d'icelle, ou à renoncer à la communauté d'icelle clôture. La Coutume de Meaux ajoutait, de son côté, dans son art. 76 : qu'il doit contribuer aux frais qui se feront à la réédification dudit mur, tant ès fondements que jusqu'à huit pieds de hauteur.

Il n'est point nécessaire que le mur soit tombé de vétusté pour que l'un des voisins puisse exiger les réparations suffisantes ; il le peut dès que l'état de la construction fait prévoir que, sans ces précautions, elle ne saurait demeurer debout bien longtemps encore. Mais ce n'est pas à lui seul à décider si le mur a besoin ou non d'être reconstruit ; il devrait, dans ce cas, provoquer, contradictoirement avec son voisin, une expertise, et, s'il ne parvenait pas à s'entendre avec lui, soumettre le différend à la justice, qui, sur le rapport des gens de l'art, déciderait, suivant les circonstances, si les réparations sont ou ne sont pas urgentes. Dans le cas où la reconstruction du mur aurait été déclarée nécessaire, comme la mitoyenneté est une servitude légale, les voisins devraient, par un argument d'analogie tiré de l'art. 696 du Code civil, réciproquement souffrir les incommodités qui peuvent résulter accessoirement de son exercice. Ainsi ils devraient tolérer le passage des maçons, le dépôt des matériaux, la suppression de certains ouvrages appuyés ou adossés au mur, tels que treillages, berceaux, cadran solaire, sans qu'ils soient en droit de réclamer aucune indemnité.

Et il en serait de même si le mur mitoyen séparait deux maisons et que l'une d'elles fût occupée par des locataires ; la reconstruction du mur rendant l'une de ces maisons inhabitable, le propriétaire locateur devrait, sans doute, une indemnité à ses locataires, car son obligation consiste (art. 1719 C. civ.) à les faire jouir paisiblement de la chose louée pendant toute la durée du bail. Mais il ne pourrait pas exiger que son voisin en prît la moitié à sa charge, puisque, quant à lui, il est resté étranger au contrat de louage, et n'a contracté aucune obligation envers les locataires de son voisin. Le locateur seul a manqué d'exécuter l'obligation qu'il avait librement et volontairement consentie : il doit seul (art. 1382) réparer le préjudice qu'il a fait éprouver, sauf toutefois le tempérament mentionné dans l'article 1724 du Code civil, où il est dit que, lorsque les réparations sont tellement urgentes qu'elles ne sauraient être différées jusqu'à la fin du bail, le preneur, qui a dû les prévoir et fixer son prix en conséquence, doit les souffrir, quelque incommodité qu'elles lui causent, et quoiqu'il soit privé pendant qu'elles se font d'une portion de la chose louée ; pourvu encore, ajoute le même article, qu'elles ne durent pas plus de quarante jours. Ajoutons aussi que si les réparations sont de telle nature qu'elles rendent inhabitable ce qui est nécessaire au logement du preneur et de sa famille, celui-ci peut faire résilier le bail et exiger le payement d'une indemnité (art. 1184 et 1724 C. civ.).

Si, malgré le jugement qui le condamne à contribuer aux frais de réparation ou de reconstruction du mur mitoyen, l'un des voisins refuse de s'acquitter, l'autre peut avancer la somme nécessaire, et faire exécuter à ses frais les travaux, tout en conservant son recours contre lui. Il aura, dès lors, un droit de créance contre son voisin, dont le montant sera équivalent aux frais qu'il a avancés, déduction faite de la partie qui doit rester exclusivement à sa charge. Pour en obtenir le recouvrement, il aura une action personnelle, action qui, aux termes de l'art. 2262 du Code civil, pourra par lui être utilement exercée pendant le délai de trente années.

Sur cette question, les Coutumes de nos anciennes provinces avaient une disposition spéciale. C'est ainsi que l'art. 79 de la Coutume de Montfort portait : et où ledit voisin, sommé de contribuer aux frais, se refusant de ce faire, six mois après lesdites sommations à lui dûment faites, demeurera ledit mur propre à celui qui l'aura fait construire de nouvel, et faire refaire si bon lui semble. Cette disposition, reproduite par l'art. 134 de la Coutume de Châlons, l'article 101 de celle de Mantes, l'art. 5, ch. X, de celle du Nivernais, qui exigeait toutefois un délai d'une année, l'art. 361 de celle de Reims, l'art. 272 de celle de Vermandois, avait été elle-même puisée dans la loi romaine 4, au Code, *de priv. œdif.*, aux termes de laquelle le voisin était déchu de tout droit, après quatre mois écoulés depuis la sommation qui lui avait été faite de contribuer pour sa part à l'entretien ou à la reconstruction du mur objet d'une propriété commune : *Etenim , si solus œdificaveris , nec intra quatuor mensium tempora , cum centesimis nummus pro portione socii erogatus restitutus fuerit, vel quominus id fieret per socium stetisse constiterit, jus dominii pro solido vindicare vel obtinere juxta placitum antiquitatis poteris.* Notre Code a établi des règles uniformes régissant le droit de propriété , qui ne peut céder ou disparaître que devant une possession continuée pendant trente ans. Cette règle de notre ancien droit, que je viens d'indiquer, se trouve par là rejetée et abolie; et si, en fait, il peut arriver que l'un des voisins, sommé de contribuer aux frais de recon-struction de la clôture mitoyenne , s'y refuse obstiné-ment, il ne peut encourir aucune déchéance de son droit de propriété, et l'autre voisin n'aura toujours qu'une action personnelle pour l'y contraindre.

§ I.

De la clôture forcée.

Dans les endroits où la population vit agglomérée, où sur un même point le nombre des habitants est plus considérable, les héritages particuliers sont exposés à des risques plus nombreux que dans les campagnes ; la sûreté même des personnes est plus compromise. De plus, dans les villes et les faubourgs, les murs de clôture, appartenant à un même propriétaire, ont en général moins d'étendue que partout ailleurs, par suite du morcellement prodigieux de la propriété

foncière dans ces lieux, ce qui, par voie de conséquence, doit relativement entraîner une dépense
moins forte pour chaque particulier, tout en ayant
pour résultat incontestable d'augmenter d'une façon
notable la valeur du fonds qui se trouve ainsi enclos. On comprend donc que le législateur ait pu,
sans porter une atteinte bien grande au droit de propriété, décider que l'un des voisins pourrait forcer
l'autre voisin à contribuer avec lui, et pour sa part,
aux frais que nécessite l'érection d'un mur entre leurs
héritages. C'est cette pensée qui a fait édicter l'article 663 du Code civil, ainsi conçu : Chacun peut contraindre son voisin, dans les villes et les faubourgs,
à contribuer aux réparations et à la construction de
la clôture faisant séparation de leurs maisons, cours
et jardins assis ès dites villes et faubourgs : la hauteur de la clôture sera fixée suivant les règlements
particuliers ou les usages constants et reconnus ; et,
à défaut d'usages et de règlements, tout mur servant
de séparation entre voisins, qui sera construit ou
établi à l'avenir, doit avoir au moins trente-deux décimètres (dix pieds) de hauteur, compris le chaperon,
dans les villes de cinquante mille âmes et au dessus,
et vingt-six décimètres (huit pieds) dans les autres.

Disons, avant de faire le commentaire de cette disposition, que le Code a fixé cette hauteur en prenant, pour ainsi dire, une moyenne entre celles qu'exi-
geaient autrefois nos Coutumes : ainsi celle de Reims
fixait la hauteur des murs de clôture à douze pieds ;
celle d'Orléans, à sept pieds et deux de fondations ;
celle du Vermandois (art 270), à neuf pieds ; celle de

Melun (art. 109), à neuf pieds s'il s'agissait de clôture entre des cours, et à huit pieds s'il ne s'agissait que de jardins ; celle d'Étampes (art. 79) exigeait douze pieds d'élévation si le mur séparait des cours, et huit seulement s'il entourait des jardins ; celle de Meaux fixait cette hauteur à huit pieds, et enfin celle de Paris (art. 209) exigeait dix pieds du rez-de-chaussée, y compris le chaperon.

La disposition de l'art. 663 est d'ordre public, et on ne saurait considérer comme valable la convention intervenue entre deux voisins, par laquelle ils se seraient obligés de rester indéfiniment à l'avenir sans aucune clôture ; il faudrait même aller plus loin, et annuler pour les mêmes motifs la convention qui porterait que le mur séparatif n'aurait pas la hauteur légale requise par cet art. 663. Remarquons encore que le Code impose la construction d'un mur, disposition de laquelle il faut conclure que s'il existait précédemment une simple haie ou un fossé, chacun des voisins pourrait demander que la haie soit arrachée, ou que le fossé soit comblé, pour construire à la place un mur dans toutes les conditions légales exigées.

On peut comprendre que presque toutes nos anciennes Coutumes, qui avaient formulé cette même disposition et décreté la clôture forcée, sauf par exemple celle d'Auxerre (art. 102), celle de l'Isle (art. 236), celle de Sens (art. 99), qui portait qu'aucun n'est contraint de clore son héritage s'il ne veut, et celle de Lille qui ajoutait que l'héritier d'une maison ne s'enclôt s'il ne veut, aient pu, en même temps, indiquer la nature des matériaux qui devaient entrer dans la construction de ces murs. C'est qu'elles variaient sur ce point d'un pays à un autre, et que le peu d'étendue de territoire qu'elles étaient appelées à régir permettait de supposer que les mêmes matériaux pouvaient se trouver partout avec la même abondance et au même prix de revient. Cette diversité dans les règles juridiques a pu faire dire à Voltaire qu'un voyageur changeait de législation autant de fois que de chevaux de poste.

Les règles établies par notre Code civil ne pouvaient contenir tous ces détails, car, applicables à toute l'étendue du territoire français, il aurait été parfois injuste de forcer les habitants d'une contrée à employer, pour édifier leurs murs de clôture, des matériaux qui ne se trouvent peut-être qu'à une très-grande distance, ou dont le prix de transport serait considérable, tandis qu'ils en ont sous la main d'une autre nature, il est vrai, ou un peu moins durables, mais qu'ils peuvent pourtant se procurer avec beaucoup plus de facilité, et qui présentent des garanties suffisantes de dureté et de solidité.

Les termes de l'art. 663 sont cependant bien formels, lorsqu'ils déclarent que les propriétaires des terrains situés dans les villes ou dans les faubourgs peuvent contraindre leurs voisins à l'érection d'un mur de clôture entre leurs héritages. On a pourtant admis, à tort assurément, que cette disposition légale ne pouvait plus être invoquée à l'égard du voisin dont la propriété ne renferme aucune habitation; et une certaine jurisprudence a même confirmé cette doctrine (Limoges, 26 mai 1838; Épernay, 26 juin 1868), en décidant que le propriétaire d'un terrain situé dans une ville ne peut, bien que ce terrain soit en partie couvert de constructions, obliger son voisin à établir, à frais communs, un mur de séparation, si la propriété de celui-ci ne consiste qu'en un simple champ ou une terre végétale, sans dépendre d'une habitation quelconque. Sans doute on peut invoquer, à l'appui de cette théorie, le texte même de l'art. 663, qui ne mentionne en effet que les maisons, les cours et les jardins ; mais l'esprit de la loi, qu'il vaut toujours mieux rechercher et consulter que de s'en tenir au rigorisme de ses expressions, indique assez que cet árt. 663 n'est nullement limitatif, et qu'il ne fait que prévoir les hypothèses les plus ordinaires. Il est bien rare, pourrait-on dire, de rencontrer, dans l'intérieur des villes, des champs labourables ou des prairies d'une étendue considérable : *lex statuit de eo quod plerumque fit.* Les mêmes motifs de sûreté personnelle ou de tranquillité réciproque peuvent être aussi mis en avant, qu'il s'agisse de champ ou de jardins, et la culture différente ne peut avoir pour résultat de faire modifier les règles juridiques ; la loi a voulu garantir le secret de la vie particulière et empêcher la malveillance de pouvoir s'exercer trop librement dans tous ces centres populeux, où il n'y aurait eu guère moyen d'y échapper.

Nous reconnaissons cependant que la disposition contenue dans l'art. 663 est une restriction apportée au droit de propriété, et qu'elle ne peut être étendue équitablement au-delà des termes précis dans lesquels elle a été édictée. Pour qu'elle reçoive donc son application, il faut que les deux héritages contigus se trouvent l'un et l'autre dans toutes les conditions exigées par la loi, c'est-à-dire qu'ils soient l'un et l'autre compris dans une ville ou dans un faubourg. Aussi le texte déjà cité à cette occasion cesserait de produire son effet à l'égard de terrains compris il est vrai dans une ville ou dans un faubourg, mais aboutissant directement sur la campagne.

Une difficulté assez grave peut ici se présenter : le législateur n'a pas établi de règles pour nous faire savoir ce qu'il faut entendre par villes ou par faubourgs, et, cette première question supposée résolue, pour nous dire où finit le faubourg et où commence la campagne. Cette même question se présente également sur l'art. 974 C. civ., au titre *Des testaments.* On sait, aux termes de cet article, que si le testament public est reçu dans une ville ou dans un faubourg, les deux ou les quatre témoins qui, suivant les cas, assistent à sa confection, doivent le signer, sans qu'aucune mention ne puisse suppléer l'absence de leurs signatures. Dans les campagnes, ou, à l'époque de la promulgation du Code, fort peu de personnes savaient écrire, et où, de nos jours encore, l'instruction obligatoire n'a pas pu pénétrer d'une façon régulière et légale, il est quelquefois difficile de trouver le nombre de témoins exigés par la loi qui puissent apposer leurs signatures. Il suffit alors (art. 974 C. civ.) que le testament soit signé par l'un des deux ou par deux des quatre témoins. Mais, dans cette

circonstance encore, le Code ne fournit aucune explication, et il laisse entière la question de savoir ce
qu'il faut entendre par campagne.

Quelques lois anciennes emploient également ces
mêmes expressions, et, quoique des chartes, des mo-
numents, d'anciennes fortifications, des priviléges,
ou d'autres renseignements semblables puissent
fournir parfois le moyen de lever cette incertitude,
on peut dire que ce sera bien rare. Les chartes anciennes ont été perdues, par suite du désordre ou de
la confusion produits par l'invasion étrangère, ou au
milieu des bouleversements occasionnés par les révolu-
tions ; les signes ou les priviléges ont aussi disparu, et,
si l'on ajoute que des communes extrêmement petites
sont devenues, en très-peu de temps, des centres
industriels ou commerciaux de premier ordre, tandis
que d'autres, au contraire, ont notablement dimi-
nué, la difficulté devient plus grande et plus grave
pour le juge chargé de la résoudre. La France ne
possède pas, comme certains États d'Allemagne, de
dispositions législatives qui déterminent spécialement
les caractères que doit présenter une ville pour mé-
riter légalement cette qualification juridique. Lors de
la confection de nos codes, la section de législation
avait bien proposé de ranger sous ce nom de *villes*
toutes les communes au-dessus de mille âmes. Si
cette disposition avait été adoptée, elle aurait levé
tous les doutes, et fait cesser toutes les controverses
auxquelles peuvent encore donner lieu l'art. 974 du
Code civil et cet art. 663. Mais cette proposition ne
fut pas admise ; rejetée une première fois, elle ne

14

fut point représentée sous une autre forme, et aucune loi postérieure n'est venue depuis éclaircir ce point de droit. Ce sont donc là de ces questions de fait qui doivent être laissées à l'appréciation des tribunaux et à la religion des juges, qui pourront prendre en considération les plans d'alignement généraux ou les cadastres dressés par les autorités compétentes, pour y trouver des renseignements utiles ; mais leur décision, souveraine à cet égard, ne saurait donner lieu à un recours en cassation.

Qu'arriverait-il dans le cas où il existerait une différence de niveau entre les deux terrains contigus ? Nous pensons que le mur doit avoir la hauteur légale à partir du sol le plus élevé, car, sans cela, la position des deux voisins ne serait plus égale, puisque le propriétaire du fonds le plus élevé pourrait exercer un droit de vue désagréable sur l'héritage de son voisin, tandis que ce dernier ne pourrait pas porter ses regards sur la propriété de l'autre : la réciprocité est la règle qui doit servir de base aux relations qui peuvent exister entre voisins. Celui à qui appartient le fonds le plus élevé serait, sans aucun doute, admis à faire creuser son terrain sur une largeur de six pieds au moins, et exiger ensuite que le mur ne soit pas plus élevé que ne l'exige l'art. 663, et que la hauteur légale soit calculée à partir du niveau le plus bas, comme étant devenu le même des deux côtés. Cette distance de six pieds, au *minimum*, est suffisante pour pouvoir exercer un droit de vue direct et de prospect sur l'héritage voisin, sans que le propriétaire de ce dernier terrain puisse s'y opposer.

Cette faculté, que confère l'art. 663, de contraindre son voisin à contribuer aux frais d'entretien ou de construction du mur séparatif de deux fonds contigus ne peut être soumise à aucune prescription. Aussi, alors même que, depuis plus de trente ans, deux propriétaires de terrains situés dans une ville aient vécu sans mur de clôture, l'un d'eux pourra toujours, même après ce délai (art. 2232 C. civ.), invoquer contre l'autre la disposition de cet article. J'ai laissé écouler trente ans et plus sans vous obliger à la construction de la clôture qui doit nous séparer : ai-je perdu la faculté de le faire aujourd'hui ? Assurément non, car ma faculté est la même qu'auparavant, et vous n'avez pas acquis le pouvoir de m'empêcher de l'exercer à l'avenir, par ce motif bien simple que, n'ayant rien possédé de ma chose, vous n'avez rien prescrit de mon droit. Je puis donc vous forcer à élever un mur mitoyen, quel que soit le temps écoulé depuis que nous sommes restés ainsi sans avoir séparé nos héritages.

Une seule exception à l'art. 663, qui n'est point mentionnée dans le Code civil, résulte cependant des lois administratives sur les servitudes militaires défensives. Dans les terrains compris dans la première zone, qui s'étend à 250 mètres, quelle que soit la catégorie de la place, et dans ceux de la première et de la deuxième zone, qui vont jusqu'à une distance de 487 mètres pour les places de guerre de premier ordre, il y a défense expresse d'établir aucunes constructions en maçonnerie qui auraient eu pour effet de masquer les mouvements des troupes ennemies, dissimuler leurs forces ou leur servir d'abri, et gêner les défenseurs de la place. C'est là une véritable servitude légale *non œdificandi*, qui grève tous les fonds de terre compris dans le rayon ci-dessus indiqué, et qui doit naturellement modifier la portée de l'art. 663, dont la disposition, bien que qualifiée de servitude d'utilité publique, n'en contient pas moins un règlement d'utilité privée, puisque les particuliers ont seuls le droit d'en exiger l'exécution. Comprendrait-on, d'ailleurs, qu'un propriétaire pût contraindre son voisin à élever à frais communs un mur de clôture, lorsqu'on est obligé de reconnaître que, dès le lendemain, ils seraient l'un et l'autre obligés de le démolir, après que les gardes du génie en auraient constaté l'existence? (Cour de Colmar, arrêt du 16 nov. 1863.)

§ II.

De l'abandon de la mitoyenneté.

La règle : qui s'oblige, oblige tous ses biens, ne doit s'entendre que d'une obligation personnelle ; et il existe en effet cette autre règle de droit : que celui qui n'est tenu qu'à l'occasion de la chose qu'il détient peut s'affranchir de toute poursuite en abandonnant cette chose ; c'est qu'il ne peut être actionné que *propter rem*. Les débiteurs, qui ne sont tenus que *occasione rei*, c'est-à-dire qui ne sont obligés qu'indirectement, et parce qu'ils détiennent un bien spé-

cialement affecté au payement d'une dette qui n'est
pas la leur, peuvent se décharger de toute obligation, et se mettre à l'abri de toute poursuite, en abandonnant au créancier le bien à l'occasion duquel ils
pourraient être actionnés, et qui répond seul de la
dette qui a été contractée : *Cessante causa, cessat effec-
tus.* C'est ainsi que le tiers détenteur d'un immeuble
hypothéqué, pourvu qu'il ne soit pas personnellement engagé, peut (art. 2172 C. civ.), alors même
qu'il aurait reconnu l'hypothèque ou qu'il aurait subi
une condamnation en sa qualité de tiers détenteur
seulement, délaisser l'immeuble aux créanciers pour-
suivants, et ce, contre leur volonté, en leur faisant
connaître son intention à cet égard par la déclara-
tion qu'il en fait au greffe du tribunal de la situation
des biens (art. 2174 C. civ.), pour s'affranchir ainsi de
toutes les conséquences de l'obligation. C'est encore
pour les mêmes motifs, et cet exemple sera plus
approprié et plus conforme au sujet que nous trai-
tons, qu'aux termes de l'art. 699 du Code civil, le
propriétaire d'un fonds servant grevé d'une servitude peut toujours s'affranchir de cette charge en
abandonnant le fonds assujéti au propriétaire du
fonds auquel la servitude est due. Chaque voisin
n'est tenu des réparations des murs de clôture que
parce qu'il est copropriétaire par indivis, et qu'en
cette qualité il détient, en quelque sorte, la chose commune; qu'il fasse donc cesser ce titre en abandonnant
son droit de copropriété, et aussitôt, par une conséquence directe et forcée, toutes les obligations dont il
aurait pu être tenu vont disparaître d'elles-mêmes.

C'est ce que décidait déjà, par une déduction logique des principes juridiques, l'art. 210 de la Coutume de Paris : si mieux, y est-il dit, le voisin n'aime quitter le droit du mur et de la terre sur laquelle il est assis.

En invoquant ces mêmes principes généraux, nous pouvons dire que rien ne s'oppose à l'abandon du droit indivis qui porterait sur un fossé ou sur une haie, quoique la loi ne le dise pas d'une façon expresse, et que quelques auteurs, argumentant du silence des textes sur ce point, aient soutenu le contraire en disant qu'il s'agit ici d'un droit exorbitant, et qu'on ne saurait l'étendre au-delà des termes précis de l'art. 656, qui, ne mentionnant spécialement cette faculté que pour les murs, ne peut s'appliquer ni aux fossés ni aux haies. C'est là une théorie que nous ne saurions admettre, par ce motif que la loi, après avoir posé la règle ordinaire, et montré l'idée première où a été puisée la disposition de cet art. 656, n'avait nullement besoin, en parlant de la mitoyenneté des haies et des fossés, de répéter ce qu'elle avait déjà dit, et de faire à des cas spéciaux l'application d'un principe qu'elle avait déjà établi d'une manière générale. L'analogie est, du reste, aussi évidente que frappante, et *ubi est eadem ratio, ibi idem jus esse debet*. Observons, toutefois, que l'un des propriétaires qui aurait fait l'abandon de son droit indivis portant sur une haie ou sur un fossé ne pourrait pas plus tard exiger que celui qui en a acquis par ce moyen la propriété exclusive lui en cédât la mitoyenneté ; car, comme nous l'avons déjà dit, l'art. 661, portant une atteinte immédiate au droit de propriété, doit être plutôt restreint qu'étendu dans l'acception de ces termes.

Cette faculté d'abandon est réciproque, et l'un des voisins ne pourrait pas, par une offre précipitée, ou en faisant connaître le premier l'intention où il est d'user de la faculté que lui accorde l'art. 656, dépouiller l'autre voisin d'un droit qu'il tient lui aussi de la loi, et le priver de cette manière d'abandonner également la mitoyenneté du mur. L'hypothèse, du reste, où l'abandon est fait à la fois par les deux voisins est assez singulière ; le mur, n'étant plus réparé, et personne n'étant plus désormais contraint de veiller à son entretien, finira, par suite de l'action du temps, par s'écrouler, et les propriétaires se trouveront sans clôture. Mais c'est là une conséquence dont ils ne sauraient se plaindre ni l'un ni l'autre, leur acquiescement à cet état de choses dérivant nécessairement de l'abandon réciproque et simultané qu'ils ont fait. Si, plus tard, l'un d'eux trouve des inconvénients à ce que son terrain n'ait plus de clôture de ce côté-là, il peut y élever un mur, mais il ne saurait forcer son voisin à contribuer, pour sa part et contre sa volonté, aux frais de construction de cette nouvelle clôture, puisqu'il a manifesté clairement l'intention d'y rester étranger pour l'avenir. Son silence, quelque prolongé qu'il soit, ne peut autoriser à faire supposer qu'il veut aujourd'hui rétablir les lieux dans leur état primitif, et acquérir de nouveau un droit de copropriété sur le mur reconstruit.

Cet abandon n'exclut pas pourtant celui qui l'a

fait de la faculté de rendre au mur son premier caractère de mitoyenneté : c'est ce qui a été jugé par sentence des requêtes du palais à la date du 28 janvier
1664, et de nos jours encore l'art. 661 ne pose
aucune exception. Seulement, dans ce cas, le voisin
devra rembourser la moitié de la valeur du mur et
la moitié de la valeur du terrain sur lequel il est construit, puisqu'il ne pourrait prétendre aujourd'hui
aucun droit sur le sol autrefois, j'en conviens, sa
propriété, mais dont il a fait accessoirement abandon
en renonçant à toute propriété sur l'ancien mur.

Nous admettons, bien que la jurisprudence ne
soit pas unanime sur cette question, que ce droit
d'abandon est, de sa nature, divisible. Les cours
d'appel, qui jugent que ce droit est essentiellement
indivisible, invoquent les termes généraux et indé-
finis de la loi qui autorise le propriétaire à faire
l'abandon de la mitoyenneté, sans lui permettre de
stipuler aucune réserve à cet abandon. La solution
contraire, adoptée par la Cour de cassation, ressort,
selon nous, de l'art. 661, qui déclare positivement le
droit de mitoyenneté divisible au point de vue de son
acquisition : il nous paraît difficile, en effet, d'après
cela, de considérer ce même droit comme indivisible,
lorsqu'il s'agit de la faculté d'abandon écrite dans
l'art. 656. Quant à son acquisition, le droit est divisible (art. 661); pourquoi ce droit changerait-il de
nature au point de vue de son abandon ? Pourquoi
n'en plus permettre l'exercice dans les mêmes termes
ou distinguer entre les effets légaux ? Où est le texte
que l'on puisse invoquer pour autoriser une sem-

blable distinction? Si le législateur n'a vu aucun inconvénient à permettre au voisin d'acquérir la mitoyenneté d'un mur qu'il n'a pas construit, et cela pour partie seulement, et dans cette portion unique dont il veut se servir, par quelle inconséquence bizarre supposer qu'il voie, au contraire, des dangers assez graves à permettre l'abandon d'une partie seulement de la clôture mitoyenne de la part du propriétaire qui désire s'affranchir de l'obligation de contribuer aux frais de son entretien, et que des abandons morcelés et calculés de parties en ruines, pour conserver celles qui sont restées intactes, puissent donner lieu à des difficultés ou à des procès, lorsqu'on reconnaît que le même inconvénient peut se produire dans l'achat également morcelé de la mitoyenneté, qui peut ne porter aussi que sur une partie du mur? Non, ces conséquences sont inadmissibles, et le voisin peut certainement abandonner la mitoyenneté de la partie du mur à réparer, sans être obligé de faire l'abandon de son droit pour la totalité de la construction.

Cet accroissement de propriété, accepté par le voisin, lui impose la nouvelle obligation d'entretenir le mur en bon état, et même de le reconstruire en entier à ses dépens, si cela devenait nécessaire ; il ne lui serait donc plus permis de le laisser tomber de vétusté pour profiter du terrain sur lequel il repose. A plus forte raison devrait-on lui refuser le droit de le démolir, bien qu'il en soit désormais propriétaire exclusif, car il s'est tacitement engagé à maintenir ce mur et à l'entretenir à ses frais. Lorsque des réparations ur-

gentes devraient avoir lieu, le voisin qui a fait l'abandon de son droit pourrait, devant la négligence et
l'inertie de celui-ci, agir par une action personnelle à
l'effet de le contraindre à y procéder, ou, sur son refus,
de demander la résiliation de la convention qu'il a
précédemment consentie (art. 1184, C. civ.) pour
reprendre tous les droits antérieurs qu'il avait sur
ce mur, ou exiger la moitié des matériaux s'il s'est déjà
écroulé.

L'art. 656 pose comme exception que l'abandon du
droit de mitoyenneté n'est pas possible lorsque le
mur soutient un bâtiment, et que c'est le propriétaire
de cette construction qui veut user de cette faculté.
Celui qui abandonne, en effet, son droit de mitoyenneté, perd évidemment tous les avantages qui peuvent
en résulter, et lorsqu'il s'agit du mur d'un bâtiment,
il serait dérisoire d'en permettre l'exercice au propriétaire pour se soustraire à l'obligation de l'entretenir, puisque, après même cet abandon, il continue-
rait d'utiliser ce mur et d'en jouir de la même manière qu'auparavant. Bien que cet art. 656 ne
mentionne que le cas où le mur soutient un bâtiment,
ses expressions n'ont rien de limitatif, car nul ne peut
se servir gratuitement de la chose d'autrui contre la
volonté du propriétaire. La faculté accordée par l'article 661 à tout voisin joignant un mur de le rendre
mitoyen par cela seul qu'il en a l'intention a pour
corollaire, dans l'esprit de la loi, l'obligation de ne
faire sur ce mur aucun acte de possession utile sans
en acquérir la mitoyenneté. Limiter à un cas spécial
l'exception apportée à la règle générale posée dans

l'art. 656 ne serait point juger d'après l'esprit de la
loi; et il faut, au contraire, par une déduction logique
de ces mêmes principes, étendre l'exception à toutes
les hypothèses où il existe un fait ou un acte émané
du voisin qui approprie le mur à son usage particulier. Il ne peut dépendre d'un voisin de restreindre
l'usage qu'il fait d'un mur pour telle ou telle destination, et de s'affranchir, par ce procédé ingénieux, de
l'obligation de contribuer pour sa part aux frais de
réparation ou de reconstruction. Aussi faut-il décider
que le propriétaire perd la faculté de se dispenser,
par l'abandon de la mitoyenneté, de toute contribu-
tion aux frais d'entretien lorsqu'il s'attribue l'usage
du mur en l'employant, par exemple, comme mur de
fond d'un hangar, alors même qu'il ne le fait point
servir à supporter une partie de son bâtiment, en
ayant pris soin de n'établir qu'une simple juxtaposi-
tion de constructions. Voulant profiter du bénéfice
que lui accorde l'art. 656, il entend sans doute
rester complétement étranger à la propriété de ce
mur, et celui qui n'a aucun droit sur un mur ne peut
s'en servir pour quelque usage que ce soit ; il doit être
pour lui comme s'il n'existait pas, et il lui faut le respecter, quelque proche qu'il soit, de la même manière que s'il était éloigné. Comme conséquence
directe, celui qui, par suite de l'abandon qu'il a fait,
a cessé d'être propriétaire de la clôture mitoyenne,
ne peut être admis à exercer cette faculté autorisée
par l'art. 656 qu'à la charge de faire disparaître une
situation incompatible et inconciliable avec la propriété du voisin devenue exclusive ; et tant que cette

situation subsiste, elle met obstacle à l'application de cet article. L'abandon d'un mur qui soutient un bâtiment n'est donc possible qu'en abandonnant, en même temps, la construction tout entière.

Comme nouvelle exception, on admet le cas où le mur a besoin d'être reconstruit par suite de la faute de l'un des voisins ; celui qui est coupable d'imprudence, qui, en procédant à des fouilles trop près des fondations du mur mitoyen, en a compromis la solidité, ne saurait être autorisé à faire l'abandon de son droit indivis pour faire supporter par l'autre propriétaire tous les frais de reconstruction : qu'il reconstruise d'abord, il pourra ensuite abandonner son droit de mitoyenneté. C'est qu'il était, en effet, personnellement responsable par suite de son imprudence, et il doit être tenu à la réédification du mur de la même manière que tout débiteur tenu personnellement, c'est-à-dire sur tous ses biens sans exception.

Reste une dernière question à examiner, question importante, qui divise, de nos jours encore, la doctrine et la jurisprudence, et qui est celle de savoir si cette faculté d'abandon existe non-seulement dans les campagnes, où la clôture n'est pas forcée, mais aussi, et de la même manière, dans les villes et les faubourgs. C'est qu'à côté de l'art. 656, qui consacre et réglemente l'exercice de ce droit, se trouve la disposition non moins importante, que nous avons déjà expliquée, de l'art. 663, obligeant, dans les villes et les faubourgs, le voisin à contribuer à l'érection d'un mur de clôture entre son héritage et celui du propriétaire qui lui est contigu.

Ceux qui admettent l'affirmative s'appuient sur la généralité des termes de l'art. 656, qui ne fait en effet aucune distinction, et ne s'occupe nullement si le mur se trouve situé à la campagne ou s'il est construit dans une ville; la seule exception qu'il mentionne est l'hypothèse où le mur soutient un bâtiment. On invoque également la discussion qui eut lieu au sujet de cette disposition : le conseiller d'État Berlier proposa d'écrire dans le projet de loi que le voisin mis en demeure d'avoir à se clore pourrait s'affranchir de cette obligation en abandonnant le terrain sur lequel le mur aurait été construit. M. Tronchet se leva de son côté et déclara que, cette faculté étant déjà écrite dans l'art. 656, il était inutile de la répéter une seconde fois. Enfin on argumente encore en faveur de cette opinion des principes généraux en matière de servitudes, qui permettent de s'affranchir des charges imposées par leur exercice en abandonnant le fonds qui en est grevé. L'art. 699 du Code civil, qui autorise le propriétaire d'un fonds grevé d'une servitude à s'en affranchir par l'abandon de ce fonds, s'applique aux servitudes légales comme aux servitudes établies par titre, et notamment à la servitude légale de clôture (arrêt de la Cour de Paris du 4 février 1870; Cassation, arrêt du 7 nov. 1864).

Cette théorie, qui au premier abord peut paraître dictée par une logique assez serrée, ne saurait cependant être la nôtre. Ce n'est pas par des arguments de texte que l'on découvre la vérité juridique; ce n'est point en prenant isolément une seule disposition de la loi que l'on parvient à en pénétrer le véritable sens :

c'est en combinant entre eux les différents articles
d'un même titre, en les comparant, et en les expli-
quant les uns par les autres , que l'on arrive à saisir
la véritable pensée du législateur : *Incivile est legem
dicere aut judicare, nisi tota lege inspecta.* Or
l'art. 656 n'existe pas seul, et la disposition de
l'art. 663, qui lui est postérieure, a pu modifier jusqu'à un certain point le sens absolu et la portée qu'il
paraissait avoir.

Et, du reste, les arguments que l'on invoque à
l'appui du système de la jurisprudence qu'on nous
oppose ont-ils bien la force qu'on prétend leur attribuer? Qu'on ne vienne pas soutenir que les termes
de l'art. 699 du Code civil, communs aux servitudes
prenant leur titre dans la loi, aussi bien qu'à celles nées
d'une convention, autorisent le propriétaire du fonds
assujéti à s'affranchir de la servitude réelle en abandonnant ce fonds, et que décider autrement ce serait déclarer obligation personnelle cette servitude,
qui est une charge essentiellement réelle, puisqu'elle
passe à tous les propriétaires successifs du même
héritage (art. 637 C. civ.). J'invoquerai, moi aussi,
le texte même de nos Codes pour montrer que les
véritables principes qui régissent les servitudes sont
en parfaite harmonie avec l'opinion que nous émet-
tons.

L'art. 663 porte que chacun peut contraindre son
voisin à contribuer aux frais de construction de la
clôture mitoyenne. Supposons donc qu'il n'existe pas
encore de mur : pourrez-vous vous affranchir de votre
obligation en abandonnant votre droit de mitoyen-

neté? Mais il n'existe pas encore, puisque le mur
n'est pas construit : quel sacrifice vous imposez-vous
donc en abandonnant une chose qui n'existe pas, et
sur laquelle vous n'avez aucun droit? Ce manque de
logique ruinerait complétement le système opposé,
mais nos adversaires l'ont prévu, et ils y ont apporté
une correction. Dans ce cas, disent-ils, le propriétaire abandonnera la partie de son terrain sur lequel
devait s'élever le mur, c'est-à-dire, d'après la Cour
de cassation, qui a encore confirmé cette doctrine en
1864, que, lorsqu'un mur de clôture doit être établi par
moitié sur chacun des deux héritages, le propriétaire
de l'un de ces héritages peut se dispenser de payer
à l'autre sa part contributoire dans les dépenses nécessaires à sa construction, en lui abandonnant la portion de terrain sur laquelle ce mur devait être bâti.

Malgré tout le respect que l'on doit porter aux décisions de la Cour régulatrice suprême, nous ne
saurions nous empêcher de dire que, par cette solution, loin de faire seulement l'application de textes
législatifs déjà existants, c'est encore faire acte de
puissance législative. Ce n'est point une option qu'offre l'art. 663; il ne laisse pas le propriétaire libre de
choisir, selon son caprice ou son intérêt, s'il abandonnera le terrain nécessaire à la construction du
mur ou s'il contribuera aux frais de son établissement : c'est un mur qu'il doit bâtir.

L'obligation du voisin ne dérive point de la mitoyenneté, mais de l'état de voisinage. Supposons
donc, comme la jurisprudence lui en accorde le droit,
qu'il ait abandonné la langue de terre nécessaire pour

édifier le mur : son obligation est-elle éteinte ? Assurément non, puisque l'état de voisinage subsiste
encore ; la seule conséquence, c'est que la ligne séparative des deux propriétés contiguës aura un peu
varié, et aura été reportée quelques pouces plus loin,
mais voilà tout. Le voisin pourra donc une seconde
fois mettre ce propriétaire en demeure d'avoir à
élever à frais communs un mur de séparation :
abandonnera-t-il, cette fois encore, le terrain nécessaire pour la construction de ce mur ? Mais qui ne
voit que, avec cette manière de procéder, on arriverait en peu de temps à lui faire délaisser la totalité
de son héritage ? Et c'est là le caractère véritable de
toute servitude : on doit souffrir son exercice, ou
abandonner en son entier le fonds qui en est grevé.
Telle est la seule alternative laissée au possesseur de
ce fonds ; et le seul moyen qui lui soit offert pour
s'affranchir de cette charge, c'est le délaissement
total. Sur ce point, nous nous rencontrons avec les
partisans du premier système. Oui, le délaissement
est possible, il est autorisé, mais à la condition qu'il
sera de la totalité de la propriété, et qu'il ne consis-
tera pas seulement dans l'abandon dérisoire d'une
étroite langue de terre. Le propriétaire n'est ici tenu
que *propter rem*, nous le reconnaissons, et seulement parce qu'il détient ce fonds grevé de cette servitude d'utilité publique ; il peut s'affranchir de cette
charge qui pèse sur son fonds en l'abandonnant.
Mais ce que nous ne saurions admettre, c'est qu'il
n'y ait que la lisière de terre contiguë à l'héritage
voisin qui soit soumise à la servitude légale de mi-

toyenneté et de clôture : c'est l'héritage tout entier
qui en est grevé, car encore une fois la source de cette
obligation n'est pas la mitoyenneté, mais bien l'état
de voisinage qui existe entre les deux propriétés contiguës.

Et croirait-on, par exemple, que, lorsque j'ai stipulé
de vous, au profit de mon champ, une servitude de
passage, et que j'ai consenti, pour ne pas trop vous
gêner, ou parce que cela m'offre plus de commodité,
à ne passer que dans un certain endroit de votre terrain, que vous soyez complétement dégagé vis-à-vis
de moi en m'abandonnant la pleine propriété de cette
partie de votre fonds sur laquelle j'exerce actuellement mon droit ? De la délimitation qui a eu lieu, en
résulte-t-il que la portion du fonds assignée soit désormais la seule assujétie ? Et si, par suite d'un
éboulement des terres, je ne puis plus passer par le
même endroit, pourrez-vous m'empêcher de prati-
chemin sur une autre partie de votre héritage ? Personne n'admet une semblable solution,
parce que le fonds tout entier doit la servitude : c'est
lui qui répond de son exercice, et le propriétaire qui
veut s'en affranchir doit l'abandonner dans sa totalité.

On objecte encore la discussion qui eut lieu au
Conseil d'État entre les conseillers Berlier et Tronchet ; mais, en invoquant cet argument, on est assurément victime d'une erreur. Quiconque voudra bien
lire les procès-verbaux authentiques qui nous restent demeurera convaincu que l'art. 663 n'existait
pas encore au moment où se produisit l'interpellation

de M. Tronchet, et que ce ne fut que postérieurement
à son observation que M. Bigot-Préameneu fit observer de son côté que déjà, dans les villes d'une
population nombreuse, les propriétaires avaient toujours été dans l'obligation de clore leurs héritages.
On s'aperçut alors que le projet du Code était muet
sur ce point, et qu'il convenait, en vue de l'intérêt
général, d'y introduire cette disposition, qui devint
plus tard l'art. 663 ; la portée de l'art. 656 se trouvait
par cela même modifiée (M. Abel Pervinquière, à son
cours).

Si maintenant, parvenu au terme que je m'étais
assigné, je jette un regard en arrière, je m'aperçois,
je l'avoue, que les sujets que j'ai essayé de traiter
étaient trop lourds pour mes forces : nombreuses
sont en effet les questions qui s'y rapportent, variées les hypothèses qu'ils embrassent. Aussi est-ce
là, devant l'imperfection de ce travail, l'excuse qui
sera agréée, je l'espère, par ceux qui vont être mes
juges.

POSITIONS.

DROIT ROMAIN.

I. Lorsqu'un esclave a été blessé, le tiers responsable de l'accident doit payer au maître, à titre d'indemnité, la plus haute valeur que l'esclave a pu avoir dans les trente jours antérieurs.

II. Lorsqu'un fidéjusseur a tué l'esclave qui est *in obligatione*, libérant le débiteur principal, il se libère lui-même indirectement, car on doit le considérer comme un tiers vis-à-vis de ce dernier.

III. L'adoption d'un esclave n'est point permise tant qu'il n'est pas affranchi.

IV. L'action noxale ne peut renaître au profit du maître qui, devenu propriétaire de l'esclave auteur du délit dont il a éprouvé quelque dommage, l'a ensuite aliéné.

V. Lorsque l'esclave appartient par indivis à plusieurs maîtres communs, ce qu'il acquiert par les stipulations qu'il a pu faire sur l'ordre d'un seul d'entre eux doit être attribué exclusivement à celui-ci.

DROIT FRANÇAIS.

CODE CIVIL.

I. Le mur qui sépare un bâtiment d'un terrain non bâti n'est point présumé mitoyen.

II. Le mur qui sépare un jardin d'une cour est mitoyen.

III. L'art. 654 est limitatif, et les juges ne sauraient reconnaître d'autres marques de non-mitoyenneté que celles qui y sont mentionnées.

IV. La possession annale fait disparaître la présomption de mitoyenneté, et le voisin qui a obtenu gain de cause dans l'instance au possessoire devient propriétaire exclusif de la clôture, si l'autre ne parvient pas, devant les juges du pétitoire, à prouver son droit autrement qu'en invoquant la présomption légale.

V. Le voisin qui a été contraint de céder la mitoyenneté de son mur n'est point tenu d'une action en garantie ; il ne saurait non plus invoquer le privilége que l'art. 2103, § 1er, accorde au vendeur non payé, et ses créanciers, de leur côté, ne pourraient pas exercer un droit de suite sur ce mur.

VI. La faculté d'acquérir la mitoyenneté ne s'applique qu'aux murs.

VII. Le voisin qui acquiert la mitoyenneté d'un

mur peut exiger la suppression des jours de souffrance qui y seraient établis.

VIII. Le propriétaire qui procède à l'exhaussement du mur mitoyen ou à sa reconstruction ne
doit aucune indemnité à son voisin ; sa faute seule
peut engager sa responsabilité.

IX. La disposition de l'art. 663 sur la clôture
forcée s'applique à tous les terrains situés dans les
villes ou dans les faubourgs, et alors même qu'ils ne
contiendraient aucune construction.

X. Le droit d'abandon conferé par l'art. 656 est
divisible.

XI. Cette même faculté d'abandon n'est plus possible au sujet de murs situés dans les villes ou dans
les faubourgs.

CODE DE PROCÉDURE.

I. Il faut refuser aux tribunaux civils la connaissance des affaires commerciales qui leur sont défé-
rées, lors même que les plaideurs y consentent,
toutes les fois qu'un tribunal de commerce existe à
leur côté.

II. Le tiers détenteur d'un immmeuble évincé
par violence n'a point besoin, pour réussir au possessoire devant le juge de paix, de prouver, outre les
voies de fait dont il a pu être l'objet, sa possession
annale antérieure.

III. On doit reconnaître aux tribunaux le droit

d'accorder des délais de grâce au débiteur poursuivi en vertu d'un titre authentique exécutoire, alors même qu'il n'existerait aucune contestation sur le fond du droit.

DROIT COMMERCIAL.

I. En l'absence de règles spéciales, les principes généraux écrits dans le Code civil doivent recevoir leur application en matière commerciale.

II. Le failli concordataire venant à partage n'est pas tenu de rapporter à la succession de son auteur les sommes dont il s'est trouvé liberé envers lui par l'effet d'un concordat.

DROIT ADMINISTRATIF.

I. Les rivières ni navigables ni flottables n'appartiennent propriétairement à personne, pas même aux riverains.

II. Le jugement d'expropriation pour cause d'utilité publique ne peut créer la domanialité publique.

III. Les édifices publics faisant, en principe, partie du domaine privé de l'État, du département ou de la commune, sont par conséquent soumis, en cette qualité, à la servitude légale de mitoyenneté : pour les en affranchir, il faut un texte législatif spécial qui les range parmi les dépendances de la domanialité publique.

DROIT PÉNAL.

I. Le complice d'un conjoint qui commet un vol au préjudice de son conjoint ne profite pas de l'excuse écrite dans l'art. 380.

II. La législation française prévoit et réprime le duel.

———

Vu par le doyen de la Faculté, président
de l'Acte public,
LEPETIT, ✳.

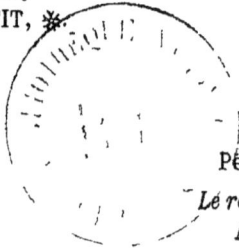

Permis d'imprimer :
Le recteur de l'Académie,
A. CHERUEL, (O. ✳).

———

Les visas exigés par les règlements sont une garantie des principes et des opinions relatives à la religion, à l'ordre public et aux bonnes mœurs (statut du 9 avril 1825, art. 41), mais non des opinions purement juridiques, dont la responsabilité est laissée au candidat.

Le candidat répondra en outre aux questions qui lui seront faites sur les autres matières de l'enseignement.

TABLE DES MATIÈRES.

DROIT ROMAIN.

DROIT FRANÇAIS

Poitiers. — Imp. de A. DUPRÉ.

POITIERS — TYP. A. DUPRÉ.